EVROPA

Michael Walzer, geboren 1936, ist einer der wichtigsten zeitgenössischen politischen Denker und Gesellschaftstheoretiker. In seinem umfangreichen Werk widmet er sich immer wieder den Fragen von Nationalismus und Ethnizität, Pluralität und Gerechtigkeit sowie des Erhalts des demokratischen Gemeinwesens. Seit 1980 lehrt er am Institute for Advanced Study, Princeton. Neben seinen vielfältigen akademischen Tätigkeiten ist er Herausgeber der Zeitschrift *Dissent*.

Gibt es einen gerechten Krieg – wie ließe er sich begründen? Fände sich eine Begründung – welches wären die Folgen? Unter diesen beiden Leitfragen beschäftigt sich Michael Walzer seit 30 Jahren mit den Formen staatlicher Gewalt. Der vorliegende Band versammelt die Stationen dieser Auseinandersetzung mit dem Ziel, sie für die aktuelle Debatte, den Kampf gegen den Terror und das Selbstverständnis kritischer Gesellschaftsbetrachtung, fruchtbar zu machen.

Der erste Teil fragt: Wie ist eine Ethik des Krieges beschaffen? Und wie steht es um die Politik der militärischen Intervention aus humanitären Gründen? Der zweite Teil behandelt die wichtigsten Stationen seit dem Ende des Vietnamkriegs: die militärischen Einsätze in Somalia, im Golfkrieg und im Kosovo. Schließlich beschäftigt sich Michael Walzer intensiv mit der Herausforderung terroristischer Gewalt nach dem 11. September. Hier eine glaubwürdige linke Position zu formulieren, heißt für ihn zweierlei: sich von einer reflexhaften Solidarität mit den »Verdammten dieser Erde« zu lösen und – in durchaus patriotischer Absicht – die Verwundbarkeit der eigenen Gesellschaft samt ihrer Institutionen anzuerkennen und ihre Werte zu verteidigen.

MICHAEL WALZER

Erklärte Kriege – Kriegserklärungen

Aus dem Amerikanischen übersetzt
von Christiana Goldmann

Herausgegeben und mit einem Nachwort versehen
von Otto Kallscheuer

EUROPÄISCHE VERLAGSANSTALT

Informationen zu unseren Verlagsprogrammen finden Sie im Internet
unter www.europaeische-verlagsanstalt.de

Bibliografische Information Der Deutschen Bibliothek

Die Deutsche Bibliothek verzeichnet diese Publikation in der
Deutschen Nationalbibliografie; detaillierte bibliografische Daten
sind im Internet über http://dnb.ddb.de abrufbar

Textnachweise am Schluß des Buches
Umschlaggestaltung: Projekt ® | Walter Hellmann, Hamburg
Signet: Dorothee Wallner nach Caspar Neher »Europa« (1945)
Herstellung: Das Herstellungsbüro, Hamburg
Satz: Rüdiger Mohrdieck, Hamburg
Druck und Bindung: Clausen & Bosse, Leck

Printed in Germany
ISBN 3-434-50562-8

INHALT

Grundsätze

Schwierige Fälle

Nach dem 11. September 2001

Grundsätze

Die Welt regieren

Welche ist die beste Organisationsform der Weltgesellschaft?

I

Stellen wir uns vor, mögliche politische Ordnungen der internationalen Gesellschaft würden nach dem Grad ihrer Zentralisierung auf einer Skala angeordnet. Ganz offensichtlich ließen sich auch andere Kriterien auswählen. Anerkennung und Durchsetzung der Menschenrechte eignen sich ebenfalls für eine solche Anordnung; desgleichen Demokratisierung, Wohlfahrt, Pluralismus usw. Die Entscheidung für das Kriterium Zentralisierung hat indes den Vorteil, daß wir so am schnellsten zu den politischen und moralischen Schlüsselfragen kommen, insbesondere der klassischen Frage: Wie sieht die bestmögliche Herrschaftsform aus? Welche Verfassung sollten wir im Zeitalter der Globalisierung anstreben?

Ich beabsichtige sieben mögliche Herrschaftsformen, Verfassungen oder politische Ordnungen vorzustellen. Diese werde ich im Laufe des Aufsatzes behandeln, ohne hier eine Liste vorauszuschicken. Hingegen werde ich jetzt schon die Kriterien aufzählen, an denen die sieben Ordnungen zu messen sind: Ihre Fähigkeit, Frieden zu fördern, Verteilungsgerechtigkeit, kultureller Pluralismus und individuelle Freiheiten. Im Rahmen dieses Essays werde ich einige Ordnungen und Kriterien nur summarisch behandeln können. Da sich die Kriterien als miteinander unvereinbar oder zumindest in einem Spannungsverhältnis stehend erweisen, wird meine Argumentation recht verwikkelt sein, sie könnte jedoch, und sollte zweifellos, noch komplexer ausfallen.

II

Am besten beginnt man mit den beiden Enden der Skala, so daß deren Ausmaß unmittelbar sichtbar wird. Am einen Ende, sagen wir am linken – obwohl ich diese Kennzeichnung später mit einigen Fragezeichen versehen werde –, befindet sich ein vereinigter Weltstaat, so etwas wie Kants »Weltrepublik«, in der es nur eine Bürgerschaft gibt, zu der sämtliche Erwachsenen gehören, die alle dieselben Rechte und Pflichten haben. Genau diese Form würde eine maximale Zentralisation annehmen: Jedes Individuum, jeder Erdenbürger wäre unmittelbar mit dem Zentrum verbunden. Auch ein Weltreich, in dem eine Nation über alle anderen herrscht, operiert von einem Zentrum aus, insofern seine Regenten jedoch zwischen der herrschenden Nation und allen übrigen Unterschiede machen, ist sein zentralistischer Charakter relativiert. Die Zentralisation des Weltstaates ist demgegenüber absolut. Im Anschluß an Hobbes' Argument im *Leviathan* möchte ich behaupten, daß ein solcher Staat ebenso gut eine Monarchie wie eine Oligarchie oder Demokratie sein könnte; sein politischer Charakter tangiert nicht seine Einheit. Wohl aber wird die Einheit von jeder rassischen, religiösen oder ethnischen Trennung berührt, ob diese nun ihrer Natur nach hierarchisch ist, wie im Weltimperium, und zu gewichtigen Ungleichheiten zwischen den Gruppen führt oder bloß funktional bzw. regional. Jede politische Umsetzung von Unterschieden läßt uns auf der von mir vorgestellten Skala nach rechts abgleiten.

Am äußersten rechten Ende befindet sich jene Herrschaftsform oder vielmehr das Fehlen einer solchen, die Politikwissenschaftler »internationale Anarchie« nennen. Dieser Ausdruck bezeichnet eigentlich eine zwar hoch organisierte, aber durch und durch dezentralisierte Welt. Bei den Organisationen handelt es sich um einzelne souveräne Staaten, die an kein gemeinsames Recht gebunden sind. Eine Weltautorität oder internationale politische Entscheidungsverfahren existieren ebenso wenig wie eine übergreifende Rechtsordnung für souveräne Staaten oder einzelne Bürger. Und mehr noch – ich möchte ja schließlich ein Extrem beschreiben –, es existieren nicht einmal kleinere Gruppen von Staaten, die ein gemeinsames Recht akzeptieren und dessen Durchsetzung durch internationale Einrichtungen unterworfen sind. Weiterhin fehlt es an dauerhaften Organisationen von Staaten, die zur Schaffung einer gemeinsamen Politik zusammenarbeiten, etwa in Fragen der Umwelt, der Rüstungskontrollen, der Sozialstandards, der Kapitalbewegung oder anderen Fragen von allgemeinem Interesse. Souveräne Staaten nehmen auf der Grundlage ihrer »nationalen Interessen« Verhandlungen miteinander auf, treffen Abkommen und unterzeichnen Verträge, deren Einhaltung jedoch nicht durch irgendeinen Dritten garantiert werden. Die Staatsoberhäupter beäugen einander nervös und reagieren auf die Politik des anderen. In jeder anderen Hinsicht aber sind die Zentren politischer Entscheidungsprozesse völlig unabhängig. Jeder Staat handelt für sich. Das hier ist keine Darstellung unserer gegenwärtigen Lage, ich beschreibe nicht die Welt im Jahre 2000. Doch offensichtlich befinden wir uns eher auf der rechten als der linken Seite der Skala.

Die Strategie meiner Vorlesung wird darin bestehen, mich von den beiden Enden weg zu bewegen. Ich werde von den beiden Endpunkten in die Mitte rücken, damit deutlich wird, daß ich keine Entwicklungs- oder Fortschrittsgeschichte beschreibe. Die verschiedenen Herrschaftsformen oder Ordnungen sind Idealtypen, keine historischen Beispiele. Auch setze ich nicht von Anfang an voraus, daß die beste Herrschaftsform in der Mitte liegt, ich gehe bloß davon aus, daß sie nicht an den Extremen zu finden ist. Selbst diese Voraussetzung bedarf der Rechtfertigung, ist sie doch keineswegs selbstverständlich. Ich wende mich daher unmittelbar den beiden Fragen zu: Was ist falsch an einer vollkommenen Zentralisierung? Was ist falsch an der Anarchie? Die zweite Frage ist die leichtere, da sie unserer eigenen Erfahrung näher steht. Anarchie führt regelmäßig zu Krieg, Krieg zu Eroberung, Eroberung zum Imperium, Imperium zu Unterdrückung; Unterdrückung zu Aufstand und Sezession, und Sezession wieder zu Anarchie und Krieg. Dieser Teufelskreis wird unaufhörlich durch die ungleiche Verteilung von Reichtum und Macht unter den betroffenen Staaten verstärkt, wie auch durch die Veränderlichkeit solcher Ungleichheiten (die von der Art der Tauschbeziehungen, der technologischen Entwicklung, den Militärbündnissen usw. abhängen). All das sorgt für Unsicherheit und Furcht nicht nur unter den Regenten der Staaten, sondern auch unter den normalen Bewohnern. Unsicherheit und Furcht aber sind, wie Hobbes bemerkte, die Hauptursachen des Krieges.

Würde jedoch eine internationale Gesellschaft, wie anarchisch sie auch sein mag, sich in denselben Teufelskreis verstricken lassen, wenn sie ausschließlich aus republikanischen Staaten besteht? Kant meinte, die Bürger einer Republik wären weitaus weniger bereit, die Risiken eines Krieges auf sich zu nehmen, als Könige, ihre Bürger diesen Gefahren auszusetzen (*Zum Ewigen Frieden*, Erster Definitivartikel). Gewiß beobachten wir Anzeichen für diese fehlende Bereitwilligkeit in zeitgenössischen Demokratien, obgleich sie nicht immer so stark war wie heute. Zugleich wird sie gegenwärtig durch den willigen Einsatz der modernsten Militärtechnologie relativiert, die zwar ihre Benutzer nicht gefährdet, wohl aber ihren Zielen großen Schaden zufügt. Es mag daher, wie der Krieg im Kosovo schließen läßt, gut sein, daß moderne Demokratien Kants pazifistische Erwartungen nicht erfüllen: Sie werden kämpfen, nur nicht am Boden.

Ein ganz anderes Argument wurde von heutigen Politikwissenschaftlern vorgebracht, daß nämlich demokratische Republiken, zumindest in der Moderne, nicht *miteinander* Krieg führen. Wenn das der Fall ist, so zum Teil deshalb, weil sie gemeinsame Feinde hatten und multilaterale Formen der Zusammenarbeit und Koordination ausbildeten und gegenseitige Beistandspakte schlossen, die die Anarchie ihrer Beziehungen mildern. Sie sind auf der Skala sozusagen nach links gerückt.

Ich möchte aber das Thema »internationale Anarchie« nicht verlassen, ohne etwas über ihre Vorteile zu sagen. Trotz der Gefahren von Ungleichheit und Krieg stellt die souveräne Staatlichkeit eine Möglichkeit dar, unterschiedliche historische Kulturen zu schützen, die manchmal nationalen, manchmal ethnisch/religiösen Charakters sind. Die Leidenschaft, mit der staatenlose Völker nach Staatlichkeit streben, der Eifer nationaler Befreiungsbewegungen spiegeln die düsteren Realitäten des 20. Jahrhunderts, aus denen wir die notwendigen moralischen und politischen Schlüsse für das 21. Jahrhundert zu ziehen haben. Souveräne Macht ist ein Mittel des Selbstschutzes, und dieses Mittels beraubt zu sein ist höchst gefährlich. Die *moralisch* maximale Form der Dezentralisierung wäre eine Weltgemeinschaft, in der jede nationale oder ethnisch/religiöse Gruppe, die auf Schutz angewiesen ist, tatsächlich über souveräne Macht verfügt. Doch aus Gründen, die wir alle kennen und die mit der zwangsläufigen territorialen Ausdehnung der Souveränität zu tun haben, macht und machte die Mischung der Bevölkerung auf dem Boden, und die ungleiche Verteilung der Ressourcen über und unter dem Boden, eine solche Aufteilung der Erde zu einem blutigen Geschäft, und sobald die Kriege ausbrechen, ist es sehr unwahrscheinlich, daß die daraus hervorgehenden Teilungen gerecht oder dauerhaft sein werden.

Die Probleme am anderen Ende der Skala sind von anderer Art. Ein konventioneller Krieg wäre in einem vollkommen zentralisierten Weltstaat unmöglich, denn seine Protagonisten wären verschwunden, und keines der Motive, in den Krieg zu ziehen, wäre mehr wirksam: ethnische und religiöse Unterschiede, divergierende nationale Interessen, ja, jede Art partikularistischer Interessen würden ihre politische Bedeutung verlieren. Verschiedenheit wäre vollkommen zur Privatangelegenheit geworden. Zumindest im Prinzip würde sich der Weltstaat einzig und allein aus autonomen Individuen zusammensetzen, die innerhalb der Grenzen des Strafrechts frei wären, ihren eigenen Lebensplan zu wählen.

In der Praxis ist es allerdings äußerst unwahrscheinlich, daß dieses konstituierende Prinzip vorherrscht. Idealtypen sollten keine reinen

Fiktionen sein, irgendwie müssen sie mit einer vorstellbaren Wirklichkeit übereinstimmen. Daß die Bürger eines Weltstaates sich abgesehen von ihren freien Entscheidungen in allen Stücken gleichen, daß sämtliche kollektiven und ererbten Unterschiede, die für Rivalität und Mißtrauen sorgen, sich im Laufe der Staatsbildung verflüchtigt haben sollten, ist einfach nicht glaubhaft. Sicherlich wird es weiterhin verschiedene Auffassungen darüber geben, wie wir leben sollten, und sie werden sich auch weiterhin in besonderen Lebensformen niederschlagen, viel Loyalität fordern und nach einem öffentlichen Ausdruck suchen. Ich sollte daher den Weltstaat anders beschreiben. Gruppen unterschiedlichster Couleur würden fortfahren, das Leben ihrer Mitglieder in bedeutsamer Weise zu formen, ihr Fortbestand würde jedoch von den zentralen Gewalten ignoriert werden, partikularistische Interessen hätten keinen Geltungsanspruch; Forderungen nach öffentlicher Bekundung kultureller Eigenheiten würden abgelehnt.

Der Grund dieser Ablehnung ist schnell erklärt: Der Weltstaat wäre in vieler Hinsicht den heutigen Staaten ähnlich, nur in sehr viel größerem Maßstab. Will er Bestand haben, muß er über die Loyalität seiner Bürger verfügen und einer ihm eigentümlichen politischen Kultur Ausdruck verleihen. Er müßte jedem in der Welt legitim erscheinen. Angesichts dieser Notwendigkeit sehe ich nicht, wie er die Bandbreite von kulturellen und religiösen Unterschieden integrieren will, von denen wir uns heute umgeben sehen. Selbst ein auf Toleranz verpflichteter Weltstaat wäre in seiner Aufnahmekraft beschränkt durch sein früheres Bekenntnis zu dem, was ich den »Globalismus« nennen möchte, das heißt zu einer zentralistischen Weltregierung. Denn einige Kulturen und die meisten orthodoxen Religionen können nur überleben, wenn es ihnen erlaubt ist, sich in gewissem Maße zu separieren, und das ist mit einem Globalismus unvereinbar. Die Fortdauer solcher Gruppen wäre daher gefährdet. Sie wären unter dem Regiment des Weltstaates unfähig, ihre Lebensform aufrechtzuerhalten und weiterzugeben. So würde ich Kants Warnung deuten, daß eine weltweite Verfassung zu einem »schrecklichen Despotismus«

führen kann (Über den Gemeinspruch: Das mag in der Theorie richtig sein, taugt aber nicht für die Praxis, Teil III), die Gefahr droht weniger Individuen als Gruppen. Ein echteres Regime globaler Toleranz müßte für kulturelle und religiöse Autonomie Platz schaffen, was aber einen Schritt nach rechts auf der Skala bedeuten würde.

Noch einmal möchte ich jedoch die Vorteile aufzählen, die linksaußen auf der Skala liegen, obwohl sie in diesem Fall eher hypothetisch als real sind, da wir weniger Erfahrung mit Zentralisierung als mit Anarchie haben. Ausgehend von der Geschichte zentralisierter Staaten können wir jedoch zu Verallgemeinerungen und der Auffassung gelangen, daß einer weltweiten Verteilungsgerechtigkeit eher mit einer starken Regierung gedient wäre, die fähig ist, allgemeine Sozial- und Arbeitsstandards durchzusetzen und die Ressourcen reicher Länder ärmeren Ländern zufließen zu lassen. Natürlich kann der Wille, mehr Gleichheit durchzusetzen, in einer Weltrepublik fehlen – so wie es ja auch in den meisten souveränen Staaten von heute der Fall ist. Aber zumindest wären die Voraussetzungen dafür geschaffen, die Europäische Union liefert einige bescheidene, doch nicht unbedeutende Beispiele für eine Umverteilung durch eine zentralisierte Macht. Zugleich birgt die Macht eines einzigen Zentrums die Gefahr der Despotie in sich.

III

Wir wollen nun einen Schritt von der linken Seite der Skala wegrücken, was uns zu einem Weltregime in Gestalt einer *pax Romana* führt. Es kommt dadurch zustande, daß eine Großmacht über alle kleineren Mächte der internationalen Gesellschaft die Hegemonie behauptet. Die Hegemonie wahrt den Weltfrieden, auch wenn es immer mal wieder zu Aufständen kommt, doch tut sie es so, daß noch ein gewisses Maß an kultureller Unabhängigkeit gewahrt bleibt – etwa in Form des Milletsystems der Osmanen, unter denen die verschiedenen Religionsgemeinschaften eine eingeschränkte Autonomie genossen. Es fehlt ihr allerdings an einer verfassungsmäßigen Garantie, denn das Zentrum kann sie jederzeit aufheben. Zudem muß diese Autonomie nicht unbedingt die der betreffenden Gruppe am meisten zusagende Form haben. Sie ist ja nicht das Ergebnis von Verhandlungen unter Vertragspartnern, sondern wird von den Mächtigen den Schwachen zugestanden. Gleichwohl stellen dergleichen Arrangements immerhin die beständigste Herrschaft der Toleranz dar, die wir aus der Weltgeschichte kennen. Die Herrschenden im Imperium erkennen – zumindest unter Klugheitserwägungen – den Wert der Gruppenautonomie an, und diese Anerkennung hat sich für das Überleben der Gruppe als ungemein wirksam erwiesen. Indes sind sie keineswegs gesonnen, einzelne Bürger an der Regierung des Imperiums zu beteiligen, sie schützen nicht Einzelne vor der eigenen Gruppe, und ihnen liegt nichts an einer gerechten Ressourcenverteilung, sei es unter Gruppen oder Individuen. Die für das Imperium spezifische Machtverteilung ist eine Form politischer Ungleichheit, die gemeinhin für weitere Ungleichheiten im allgemeinen Sozial- und Wirtschaftsleben sorgt.

Ich muß mir sorgfältig überlegen, was ich über die Herrschaft des Imperiums schreibe, bin ich doch Bürger des einzigen Staates in der heutigen Welt, der sie anzustreben fähig ist. Nicht daß ich sie mir für mein Land wünsche, auch glaube ich nicht wirklich, daß sie möglich ist, bloß will ich nicht den Anschein erwecken, als hielte ich die *pax Americana*, wie wenig erstrebenswert sie auch sein mag, für das größte Übel, das der Welt zustoßen könnte – wohl könnte es aber das größte Übel für Amerika sein –, schließlich habe ich mich für ein stärkeres politisches und militärisches Engagement Amerikas in Ländern wie Ruanda und dem Kosovo eingesetzt. In eine solche Rolle zu schlüpfen heißt aber noch lange nicht, in die Vormachtstellung eines Imperiums aufzurücken, die, wenngleich wir sie um der Erhaltung des Friedens oder der Beendigung von Massenmorden willen schätzen, sicherlich nicht eine der bevorzugten Herrschaftsformen ist. Sie würde die eine oder andere von einem Weltstaat ausgehende Gefahr verringern, jedoch nicht auf Dauer, denn die Macht eines Imperiums ist häufig willkürlich und unberechenbar. Selbst wenn ein bestimmtes Imperium die Autonomie kleinerer Gemeinschaften schützte, wäre es für Einzelne, die in repressiven Gemeinschaften festsitzen, kein Schutz.

Wir sollten nun vom rechten Ende der Skala in Richtung Mitte rücken. Ein Schritt von der Anarchie weg führt uns zu einem Zustand, der in etwa der gegenwärtigen Einrichtung der internationalen Gesellschaft gleicht. (Dies ist demnach der am wenigsten idealisierte meiner Idealtypen.) Wir beobachten heute eine Reihe internationaler politischer, wirtschaftlicher und juristischer Organisationen – die Vereinten Nationen, die Weltbank, den Internationalen Währungsfond, den Internationalen Strafgerichtshof usw. –, die die Souveränität der einzelnen Staaten einschränken. Kein Staat verfügt mehr über jene uneingeschränkte Souveränität, von der politische Denker in der frühen Neuzeit sprachen und die für Anarchie im stärksten Sinne sorgt. Andererseits sind die internationalen Organisationen schwach; ihre Entscheidungsmühlen mahlen langsam und was dabei herauskommt, ist auch nicht immer überzeugend; ihre Vollstreckungsorgane sind nur schwer in Bewegung zu setzen und agieren allenfalls partiell erfolgreich. Kriege zwischen Staaten sind zwar seltener geworden, aufs Ganze gesehen hat die Gewalt jedoch nicht abgenommen. Es gibt derzeit viele schwache, zerrissene, instabile Staaten und die internationale Gemeinschaft vermochte Bürgerkriege, militärische Interventionen, grausame Unterdrückung politischer Gegner, Massaker und »ethnische Säuberungen« von Minderheiten nicht erfolgreich zu verhindern. Auch ist die Ungleichheit in der Welt nicht geringer geworden, und das obwohl der Kapitalfluß über die Grenzen – und wie ich glaube auch die Arbeitsmobilität – auf weniger Hindernisse stößt als je zuvor. Das sollte, glaubt man den Theoretikern des freien Marktes, zu mehr Gleichheit führen. Alles in allem haben wir keinen Grund über den gegenwärtigen Weltzustand glücklich zu sein; tatsächlich bringt die Kombination von (vielen) schwachen Staaten und schwachen internationalen Organisationen Nachteile aus beiden Richtungen mit sich: Der Schutz ethnischer und religiöser Unterschiede ist ebenso wenig gewährleistet wie der Schutz individueller Rechte und die Förderung von Gleichheit.

Wir wollen uns nun noch einen Schritt weiter dieser Seite der Zentralisierung nähern. Wir werden dann nicht etwa bei Vereinten Nationen mit eigener Armee und Polizei oder einer Weltbank mit einer einzigen Währung ankommen. Logisch gesehen würden wir zu solchen Ordnungen wohl eher von der anderen Seite der Skala kommend gelangen. Betrachten wir statt dessen dieselbe »Verfassung«, die wir derzeit haben, nur daß sie durch eine stärkere internationale Zivilgesellschaft gestützt würde. Zeitgenössische Politikwissenschaftler meinen, die Zivilgesellschaft habe oft zur Stärkung demokratischer Staaten beigetragen. Ohne Zweifel ist der Demokratie mehr als jeder anderen Herrschaftsform damit gedient, daß gewöhnliche Männer und Frauen sich in Bewegungen engagieren, ihre Kenntnisse erweitern und ihren politischen Handlungsspielraum vergrößern; vermutlich sind sie aber ein Gewinn für jeden Staat, der die aktive Betätigung in Vereinigungen eher unterstützt als unterdrückt. Würden Vereinigungen aber auch einen Aktivposten für die heutigen internationalen Halbregierungsorganisationen darstellen? Ich neige der Ansicht zu, daß sie es, wenn auch bescheiden, bereits heute sind und es noch sehr viel stärker sein könnten.

Stellen wir uns eine große Bandbreite von Bürgerbewegungen vor – zur gegenseitigen Hilfe, zur Förderung der Menschenrechte, zum Schutz von Minderheiten, zur Durchsetzung der Gleichberechtigung der Geschlechter, zum Schutz der Umwelt und zur Stärkung der Arbeiterschaft –, die sehr viel flächendeckender als heute organisiert wären. All diese Gruppen hätten einen Mittelpunkt, der nicht mit dem der einzelnen Staaten zusammenfällt; sie würden grenzüberschreitend agieren und ihre Aktivisten und Sympathisanten ohne Rücksicht auf deren Nationalität rekrutieren. Alle würden sich in Bereichen engagieren, auf denen auch Regierungen tätig werden sollten, und wo sie sicher mehr erreichen werden, wenn sie von freiwilligen Bürgerinitiativen unterstützt oder gar auf das Problem gestoßen werden. Sobald die Zahl der Freiwilligen groß genug ist, könnten sie einzelne Staaten drängen, untereinander und mit internationalen Einrichtungen zu kooperieren. Ihre eigene Arbeit würde dabei einer wirksamen Kooperation in die Hände arbeiten.

Diese Vereinigungen von Freiwilligen bestehen jedoch in einer internationalen Zivilgesellschaft neben multinationalen Unternehmen, die über ein Heer gutbezahlter Experten und Angestellter verfügen und alle anderen Akteure auf der internationalen Bühne in den Schatten zu stellen drohen. Bislang ist das nur eine Gefahr, noch keine vollendete Tatsache – die Konzerne sind noch nicht vollständig der Kontrolle durch die Nationalstaaten entronnen –, gleichwohl aber ist diese Gefahr kein Hirngespinst. Ich kann nicht mehr tun, als ein denkbares Gleichgewicht der Kräfte in einer sich erweiternden Zivilgesellschaft zu beschreiben: internationale Gewerkschaften beispielsweise, politische Parteien, die über nationale Grenzen hinweg arbeiten. Natürlich ließen sich die multinationalen Konzerne in einem Weltstaat oder Weltimperium sofort zähmen, da sie ja keinen Ort mehr hätten, um sich zu vervielfältigen, keine Grenzen, um sie zu überschreiten. Eine Patentlösung für die von ihnen geschaffenen Probleme ist das allerdings nicht. Sie versuchen in der internationalen Gesellschaft ebenso wie in der nationalen, die Maßnahmen und Umverteilungen der politischen Autoritäten zu unterlaufen. Was wir in ihrem Fall brauchen, ist eine praktische, politische Antwort, und gerade die internationale Zivilgesellschaft ist der beste Ort für die Entwicklung einer solchen Politik.

Der beste, aber nicht notwendig ein hinreichender Ort für die Bewältigung dieser Aufgabe. Es gehört zu den Merkmalen der Vereinigungen in der Zivilgesellschaft, daß sie den Problemen hinterherrennen. Sie reagieren auf Krisen. Ihre Fähigkeit, vorauszuschauen, zu planen und präventive Maßnahmen zu ergreifen, hinkt stark hinter des Staates hinterher. Ihre Mitglieder werden sich wohl eher heroisch um die Opfer einer Seuche kümmern, als vorher die entsprechenden Vorsorgemaßnahmen zu ergreifen. Sie treffen auf dem Schlachtfeld erst ein, wenn die Verwundeten versorgt werden müssen und die Flüchtlinge ein Dach über dem Kopf brauchen. Sie organisieren

Streiks gegen zu niedrige Löhne und brutale Arbeitsbedingungen, sind jedoch unfähig, die Wirtschaft zu steuern. Sie protestieren gegen Umweltkatastrophen, die bereits horrende Ausmaße angenommen haben. Selbst wenn sie zukünftige Probleme vorhersagen, fehlt es ihnen an institutionell abgesicherter Macht, um wirkungsvoll zu handeln. Sie sind für den Staat als Ganzes nicht verantwortlich, und eben weil man sie nicht für verantwortlich hält, werden ihre Warnungen oft in den Wind geschlagen. Wo es um die grundlegenden, langfristigen Schwierigkeiten einer internationalen Gesellschaft geht – allen voran Unsicherheit und Ungleichheit –, sind Bürgerbewegungen im besten Fall abfedernde Instanzen: Ihre Mitglieder können viel Gutes tun, für Frieden in einem von Bürgerkrieg zerrissenen Land oder für die Umverteilung von Ressourcen in großem Maßstab können sie nicht sorgen.

IV

Wir sollten uns nun noch einen Schritt von der linken Seite der Skala weg bewegen. Zuvor könnte es jedoch ganz nützlich sein, die bisherigen Schritte zusammenzufassen. Da dieser und der nächste Schritt uns zu einem Gebilde führen, das für mich von allen Möglichkeiten das attraktivste ist, sollte ich die bereits skizzierten weniger anziehenden charakterisieren und wo möglich auf den Begriff bringen. Halten wir zunächst fest, daß die rechte Seite der Skala den Bereich des Pluralismus bezeichnet, während die linke Seite für den Bereich der Einheit steht. Ich bin mit dieser Beschreibung von rechts und links nicht völlig glücklich, schließlich hat es auch links immer pluralistische Tendenzen gegeben, und mit diesen habe ich mich stets identifiziert. Dennoch trifft wohl zu, daß Einheit immer das vorherrschende Bestreben linker Parteien und Bewegungen war, es ergibt also nicht sehr viel Sinn, über das Rechts und Links der Skala zu räsonieren.

Ausgehend vom rechten Ende habe ich drei Ordnungen charakterisiert, die sich auf eine Zentralisierung zubewegen, paradoxerweise dadurch daß sie den Pluralismus der Handlungssubjekte erhöhen. Zuerst haben wir die Anarchie der Staaten, in der es neben den im Namen der Staatssouveränität handelnden Regierungen keine anderen wirksamen Handlungsorgane gibt. Dann gesellen wir diesen Regierungen eine Vielzahl von internationalen politischen und wirtschaftlichen Organisationen mit einer gewissen Autorität bei, welche die Souveränität zwar einschränken, aber keineswegs aufheben. Danach fügen wir eine Anzahl internationaler Vereinigungen hinzu, die grenzüberschreitend arbeiten und das staatliche Handeln einschränken. Wir haben also eine internationale Anarchie und dann zwei Grade von internationalem Pluralismus.

Auf der linken Seite habe ich bislang nur zwei Ordnungen angegeben, die sich einer stärkeren Teilung annähern, aber an der Idee einer Zentralregierung festhalten. Zunächst wäre da der Weltstaat, die am wenigsten geteilte aller denkbaren Herrschaftsformen, dessen Angehörige atomisierte Männer und Frauen sind. Das zweite wäre das Weltimperium, dessen Glieder die unterworfenen Nationen sind. Die Vormacht jener Nation, die an der Spitze des Imperiums steht, trennt diese von den anderen Nationen, ohne sie jedoch zu zerstören.

Der nächste Schritt von links nach rechts setzt der Unterwerfung ein Ende: Die neue Ordnung ist eine Föderation von Nationalstaaten, sozusagen Vereinigte Staaten der Welt. Die Stärke des Zentrums, der Bundesregierung, hängt von den Rechten ab, die ihr von den Mitgliedsstaaten freiwillig eingeräumt werden, wie auch davon, ob sie unmittelbar oder nur mittelbar die Gerichtsbarkeit über die einzelnen Bürger ausübt. Befürworter dessen, was Amerikaner »Bundesstaatsrechte« nennen, werden sich für eine mittelbare Gerichtsbarkeit einsetzen und der Zentralregierung weniger Rechte zugestehen. Offensichtlich bewegt sich diese Ordnung auf der Skala nach rechts, je nach dem wie groß die vermittelnde Rolle der Mitgliedstaaten ist. Löst sich die Vermittlung ganz auf, sind wir wieder am linken Ende, also bei der Weltregierung. Um einen Ort für diese föderalistische Ordnung zu finden, müssen wir uns vorstellen, daß die Mitgliedstaaten ihre Souveränität aufgeben und eine verfassungsmäßig garantierte funktionale Gewaltenteilung besteht, so daß die einzelnen Staaten eine große Eigenverantwortung haben. Das wäre also eine international übernommene Version des amerikanischen Systems. Mit mehr Machtbefugnissen ausgestattete Vereinte Nationen verbunden mit einer Weltbank und einem internationalen Gerichtshof würden sich diesem Vorbild nähern, so lange zumindest wie sie die Machtmittel haben, Mitgliedstaaten zu einer Einhaltung ihrer Resolutionen und Beschlüsse zu zwingen. Behielten die Vereinten Nationen ihre jetzige Organisationsstruktur mit dem Sicherheitsrat in seiner derzeitigen Gestalt bei, wäre die Weltföderation eine Oligarchie oder auch eine gemischte Herrschaftsform, da die Generalversammlung eine Art Demokratie darstellt. Sich angesichts der gegenwärtigen Ungleichheit des Wohlstands und der Macht unter den Staaten eine andere Form der Föderation vorzustellen, fällt nicht leicht. Die Oligarchen werden ihre Stellung nicht einfach aufgeben, und jede handlungsfähige Föderation würde ihnen Rechnung tragen müssen – doch wer weiß, es könnte ihr auch gelingen, die Oligarchen mit der Zeit zu schwächen.

Vermutlich ist es schwieriger, mit diesen Ungleichheiten umzugehen als mit allen anderen politischen Unterschieden zwischen den Staaten. Selbst wenn alle Staaten Republiken wären, wie Kant sich erhoffte, bliebe die Föderation, solange sich an der bestehenden Ressourcenverteilung nichts ändert, ganz oder zum Teil oligarchisch verfaßt. Oligarchie steht hier für Spaltung, sie relativiert erheblich die Macht der Zentralregierung. Im Gegensatz dazu wird sich der politische Zuschnitt der einzelnen Mitgliedstaaten immer mehr angleichen, in diesem Bereich wäre eine Tendenz zur Einheit, zumindest zur Gleichförmigkeit, zu verzeichnen. Denn alle Staaten wären in dieselbe Verfassungsstruktur eingebunden, beispielsweise durch dieselben sozialen und politischen Rechte, und sehr viel weniger als heute in der Lage, diese Rechte mit Füßen zu treten. Bürger, die sich für unterdrückt halten, würden sich an das Bundesgericht wenden und wahrscheinlich schnell Abhilfe erwirken. Selbst wenn die Mitgliedstaaten keine Demokratien wären, würden sie mit der Zeit gleichförmig demokratisch werden.

Als Demokrat sollte mir dieses Ergebnis mehr zusagen, als es tatsächlich tut. Das Problem ist nämlich, daß es höchst wahrscheinlich eher durch Druck seitens der Zentralregierung als durch demokratische Bewegungen – um meine Metapher zu wechseln – an der Basis zustande kommt. Die eine oder andere Verbindung dieser beiden funktioniert ganz gut. Ich möchte aber unterstreichen, daß meine Entscheidung für die Demokratie sich nicht auf die Auffassung erstreckt, jede politische Gemeinschaft solle zur Demokratie gezwungen werden. Demokratie muß sich aus einem politischen Prozeß ergeben, der seiner Natur nach auch unterschiedliche Ergebnisse hervorbringen kann. Wann immer diese Leben und Freiheit bedrohen, sollte in irgendeiner Weise eingegriffen werden. Das ist jedoch nicht immer der Fall, und wenn sie keine Bedrohung für Freiheit und Leben darstellen, muß den verschiedenen sich ergebenden politischen Gebilden der nötige Raum für eine Entwicklung – und für einen Wandel – eingeräumt werden. Wäre eine Weltföderation in der Lage, ihren Frieden mit einem politischen Pluralismus zu machen?

Es ist sehr viel wahrscheinlicher, daß sie ihren Frieden mit materieller Ungleichheit macht. Eine föderalistische Ordnung würde Ressourcen möglicherweise umverteilen, allerdings nur in den von ihren Oligarchen festgelegten Grenzen – auch hier wieder ist die Europäische Union ein Beispiel. Je mehr Macht in die Hände der Zentralregierung gelangt, um so wahrscheinlicher wird es zu größeren Umverteilungen kommen. Diese Art der Macht wäre indes für alle Mitgliedstaaten gefährlich, nicht nur für die reicheren unter ihnen. Wie man zu einem Gleichgewicht kommen könnte, ist alles andere als deutlich. Vermutlich wird das zu den entscheidenden innenpolitischen Fragen der Föderation gehören – allerdings gäbe es keine andere Politik, denn per definitionem gäbe es gar keine Staaten außerhalb der Föderation.

Verfassungsmäßige Garantien hätten für den Schutz nationaler sowie ethnisch/religiöser Gruppen aufzukommen. Jedenfalls scheint Kant anzunehmen, daß in einem solchen *Völkerbunde* »jeder, auch der kleinste Staat, seine Sicherheit und Rechte … erwarten könnte« (*Idee zu einer allgemeinen Geschichte in weltbürgerlicher Absicht*, A 399). Tatsächlich hätten aber nur solche Gruppen, die vor der Bildung der Föderation ihre Souveränität erlangt hätten, einen gesicherten Platz in ihr. Es müßte daher Verfahren für die Anerkennung und Sicherung der Rechte neuer Gruppen geben, wie auch gesetzlich verbürgte Rechte für Individuen ungeachtet ihrer Zugehörigkeit zu einer Gruppe. Es ist denkbar, daß die Föderation ihre schützende Hand sowohl über exzentrische Gruppen als auch über Individuen hält – wie es etwa in den USA der Fall ist, wo bedrängte Minderheiten sich ebenso wie eigenbrötlerische Bürger an die Bundesregierung wenden, wenn sie sich von ihren lokalen Behörden schlecht behandelt fühlen. Bleibt ein solcher Schritt wirkungslos, stehen amerikanischen Bürgern Möglichkeiten offen, die den Bürgern einer Weltgemeinschaft verschlossen bleiben: Amerikaner können mit ihrer Klage bis zu den Vereinten Nationen bzw. zum Internationalen Gerichtshof gehen oder einfach das Land wechseln. Es gibt immer noch gute Gründe für Teilung und Pluralismus.

Wir sollten noch einen weiteren Schritt von rechts zur Mitte gehen und uns eine kohärente Form der Teilung vorstellen. Ich denke dabei an die bekannte Anarchie der Staaten, die durch ein Dreigestirn nicht-nationalstaatlicher Organe vermittelt und kontrolliert wird: Organisationen wie den Vereinten Nationen, Vereinigungen der internationalen Zivilgesellschaft und regionalen Gemeinschaften wie der Europäischen Union. Das wäre die dritte Stufe eines Weltpluralismus, dessen vollentwickelte (Ideal-)Version die größten politischen Handlungsspielräume für Frieden, Gerechtigkeit, kulturelle Differenz und individuelle Rechte bietet. Gleichzeitig läuft sie am wenigsten Gefahr, in eine Weltdespotie zu entarten. Selbstverständlich sind Handlungsspielräume nicht mehr als eben dies. Garantien geben sie keine, und Konflikte werden sich zwangsläufig zwischen Männern und Frauen ergeben, die diese verschiedenen Werte zu verwirklichen suchen. Ich stelle mir diese letzte Ordnung als eine vor, die den Rahmen für Politik im vollen Sinn bereitstellt und den gewöhnlichen Bürgern den größten Raum für ein Engagement läßt.

Betrachten wir noch einmal die besorgniserregenden Eigenschaften der ersten fünf, möglicherweise der ersten sechs Ordnungen: In einigen von ihnen bedrohen die dezentralisierte Welt und die in ihr existierenden eigenmächtigen Staaten – gleichgültig, ob sie nun stark oder schwach sind – unsere Werte, während in anderen die Gefahr vom despotischen Potential des neu geschaffenen Zentrums ausgeht. Die Schwierigkeit liegt also darin, die radikale Dezentralisierung souveräner Staaten so zu überwinden, daß am Ende nicht eine einzige allmächtige Zentralregierung herauskommt. Die Lösung, die ich verteidigen möchte, die dritte Stufe des Weltpluralismus, sieht grob gesagt so aus: Man schaffe eine Reihe alternativer Zentren und ein zunehmend dichteres Netz sozialer Bindungen, die alle nationalstaatlichen Grenzen überschreiten.

Die Skala

Von der linken Seite: EINHEIT
Weltstaat/Multinationales Imperium/Föderation →

Von der rechten Seite: TEILUNG
3. Stufe/2. Stufe/1. Stufe des Weltpluralismus/Anarchie ←

Die Lösung muß von den heute bestehenden oder sich langsam abzeichnenden institutionellen Strukturen ausgehen und sie allesamt stärken, auch wenn diese miteinander konkurrieren.

Die dritte Stufe des Weltpluralismus erfordert also Vereinte Nationen mit eigenen Streitkräften, die zwar in der Lage sind, aus humanitären Gründen einzugreifen und den Frieden zu sichern, aber immer noch auf die Zustimmung des Sicherheitsrates oder einer sehr großen Mehrheit der Generalversammlung angewiesen bleiben. Sodann bedarf es einer Weltbank und eines Internationalen Währungsfonds, mächtig genug, den Kapitalfluß und die Formen internationaler Investments zu regulieren, und daneben noch einer Welthandelsorganisation, um Standards für Arbeit und Umwelt sowie Handelsabkommen durchzusetzen. All diese Organisationen müßten allerdings eine unabhängige Leitung haben und nicht eng mit den Vereinten Nationen verflochten sein. Unverzichtbar wäre auch ein Internationaler Gerichtshof, der zwar eigenständig Verhaftungen vornehmen darf, aber angesichts des Widerstands von einem der (halb-souveränen) Staaten auf die Unterstützung durch die Vereinten Nationen angewiesen ist. Zu diesen Organisationen sollte noch eine große Zahl ziviler, international agierender Vereinigungen hinzutreten, darunter politische Parteien, die Kandidaten für die Wahlen in verschiedenen Ländern aufstellen, Gewerkschaften, die ihr altes Ideal der internationalen Solidarität verwirklichen, und auch die uns vertrauteren Bewegungen, die sich nur um ein Thema kümmern. Je größer die Mitgliederzahlen dieser Vereinigungen und je mehr sie die Grenzen überschreiten, um so stärker werden sie die Politik der internationalen Gesellschaft zusammenschweißen. Niemals würden sie jedoch ein einziges Zentrum bilden, sie würden stets vielfältige Quellen politischer Energien darstellen und sich auf unterschiedliche Bereiche konzentrieren.

Fügen wir jetzt noch eine neue Schicht von Regierungsorganisationen hinzu – die regionale Föderation, für die die Europäische Union nur ein mögliches Vorbild ist. Man muß sich sowohl engere als auch lockerere, über die Welt verteilte Strukturen vorstellen, möglicherweise mit sich überschneidender Mitgliedschaft: Es gäbe unterschiedlich konstituierte Föderationen in den verschiedenen Teilen der Welt. Damit würde man sich viele Vorteile der Weltföderation einhandeln, aber mit dem drastisch gesenkten Risiko einer Despotie des Zentrums. Das entscheidende Merkmal des Regionalismus ist nämlich, daß es viele Zentren gibt.

V

Um die Schönheit dieser pluralistischen Ordnung zu schätzen, muß man die politische Möglichkeit und den von ihr erzeugten Aktivismus für wertvoller halten als die Gewißheit des politischen Erfolges. Meiner Ansicht nach ist Gewißheit stets etwas Utopisches, doch damit möchte ich nicht bestreiten, daß etwas verloren geht, wenn man die mehr auf Einheit drängende Vision einer Weltordnung aufgibt. Verloren geht nämlich die Hoffnung, durch einen Federstrich, durch ein vom Zentrum durchgesetztes Dekret, mehr Gleichheit in der Welt zu schaffen. Und auch die Hoffnung auf die Verwirklichung des ewigen Friedens schwindet, die Hoffnung darauf, daß alle Zwistigkeiten und alle Gewalt überall und für immer ein Ende haben. Und ebenso die Hoffnung darauf, daß wir alle Bürger eines Staates sind und alle Menschen eine Identität haben, so daß sie autonome Männer und Frauen und nichts anderes sind.

Ich muß schnell dementieren, was eine Reihe von Lesern hinter meiner Argumentation vermuten könnte: Keineswegs will ich all diese Hoffnungen einzig und allein um des »Kommunitarismus« willen opfern – d. h. um der kulturellen und religiösen Differenz willen. Letzere ist gewiß von hohem Wert, und ohne Zweifel ist ihr durch die dritte Stufe des Pluralismus gut gedient. Tatsächlich schaffen die verschiedenen Ebenen der Regierung für Minderheiten, die bislang innerhalb der Nationalstaaten ein Schattendasein führten, neue Möglichkeiten sich auszudrücken und autonom zu handeln. Differenz als Wert existiert jedoch neben anderen Werten wie Frieden, Gleichheit und Autonomie, sie steht nicht höher als diese. Nach meinem Argument lassen sich alle diese Werte politisch am besten unter Umständen erstreben, in denen es viele Wege der Verwirklichung gibt, viele Handlungssubjekte und Handlungsorgane. Der Traum von einem einzigen Handlungssubjekt – sei es der aufgeklärte Despot, das die Zivilisation verbreitende Imperium, die kommunistische Avantgarde, der Weltstaat – ist eine Täuschung. Wir brauchen viele Handlungssubjekte, viele Schauplätze für Engagement und Entscheidungen. Politische Werte müssen an verschiedenen Orten verteidigt werden, damit ein Fehlschlag hier die Tatkraft dort anspornt, und Erfolg dort zur Nachahmung hier auffordert.

Natürlich wird es Fehlschläge ebenso gut wie Erfolge geben, und bevor ich zum Schluß komme, muß noch etwas zu drei möglichen Fehlschlägen gesagt werden, denn nur so wird deutlich herausgestellt, daß alle Ordnungen, auch die von mir bevorzugte, ihre Gefahren und Nachteile haben. Die erste betrifft das mögliche Versagen, den Frieden zu wahren, was heute gleichbedeutend damit ist, ethnische oder religiöse Minderheiten ohne Schutz zu lassen. Kriege zwischen und unter Staaten werden in einer eng verflochtenen internationalen Gesellschaft selten sein. Doch gerade die Erfolge einer Differenz schützenden Politik sorgen für innere Spannungen, die manchmal »ethnische Säuberungen« und sogar Bürgerkriege mit Völkermord auslösen. Alle stark zentralisierten Herrschaftsformen nehmen für sich in Anspruch, solche Dinge zu verhindern, der mögliche Preis dafür und für die Aufrechterhaltung der Fähigkeit, es zu tun, ist eine grenzenlose Despotie, ein »totalitäreres« Regime als die Theorie des Totalitarismus sich je hätte träumen lassen. Die Gefahr aller dezentralisierten Ordnungen und solcher, die mehrere Zentren haben, ist die, daß niemand die Greuel beendet. Die dritte Stufe des Pluralismus erhöht die Zahl der Handlungssubjekte, die dazu in der Lage wären oder zumindest ihre Auswirkungen mildern könnten: einzelne Staaten, die von sich aus handeln (wie die Vietnamesen, als sie das Morden in Kambodscha beendeten), Bündnisse und Staatenbünde (wie die NATO im Kosovokrieg), internationale Organisationen (wie die Vereinten Nationen) und die Freiwilligen der internationalen Zivilgesellschaft (wie Ärzte ohne Grenzen). Aber es gibt kein beauftragtes Handlungsorgan, keine allein verantwortliche Instanz. Alles muß erst Gegenstand politischer Debatten und Entscheidungen werden – und möglicherweise verstreicht darüber zu viel Zeit.

Der zweite mögliche Fehlschlag betrifft die Förderung der Gleichheit. Auch hier liefert die dritte Stufe des Pluralismus viele Möglichkeiten für Reformen, die mehr Gleichheit bringen, und gewiß wird es in verschiedenen Gesellschaften eine Reihe von Experimenten geben (wie die Kibbuzim in Israel oder den skandinavischen Wohlfahrtsstaat oder die vorgeschlagene »Tobin Steuer« auf internationale Finanztransaktionen). Die Kräfte, die sich der Gleichheit widersetzen, werden sich jedoch niemals der geballten Macht der Habenichtse dieser Welt stellen müssen, denn es wird nicht einen weltweiten Schauplatz geben, auf dem diese Macht sich sammeln kann. Statt dessen werden viele Organisationen versuchen, die Besitzlosen zu mobilisieren und ihren Forderungen Ausdruck zu verleihen, wobei sie manchmal zusammenarbeiten, manchmal miteinander konkurrieren werden.

Das dritte mögliche Versagen betrifft die Verteidigung der individuellen Freiheit. Wieder einmal bedeutet der Pluralismus von Staaten, Kulturen und Religionen – auch wenn es nirgendwo mehr eine uneingeschränkte Souveränität gibt –, daß Individuen unter unterschiedlichen Umständen nicht den gleichen Schutz und die gleichen Rechte genießen. Wir können – und sollten – ein Minimalverständnis der Menschenrechte verteidigen und dessen allgemeine Anerkennung durchsetzen, doch eine Durchsetzung auf der 3. Stufe des Pluralismus würde zwangsläufig viele Handlungssubjekte auf den Plan rufen und damit viele Argumente und Entscheidungen, also ungleiche Ergebnisse hervorbringen.

Kann eine Ordnung, die auf solchen Feldern zu versagen droht, überhaupt die gerechteste sein? Ich möchte nicht mehr behaupten, als daß sie das politische Gebilde ist, das die alltägliche Verwirklichung von Gerechtigkeit am meisten erleichtert, und zwar unter Bedingungen, die der Sache der Gerechtigkeit insgesamt am wenigsten gefährlich sind. Alle anderen Ordnungen sind schlimmer, diejenige ganz links auf der Skala, in die die größte Hoffnung gesetzt wurde, nicht ausgenommen. Denn es ist ein Irrtum zu meinen, in einem Weltstaat regiere die Vernunft – ein ebenso großer Irrtum wie die Vorstellung, die künftige Weltordnung wäre das Tausendjährige Reich Gottes. Die Regierenden, die von solchen politischen Ordnungen dringend gebraucht würden, sind noch nicht geboren oder zumindest treten sie nicht politisch in Erscheinung. Im Gegenteil, die Hinwendung zum Pluralismus kommt Menschen wie uns entgegen, die wir nur allzu menschlich sind, von der Vernunft nicht immer Gebrauch machen und für die Politik eine »natürliche« Tätigkeit ist.

Schließlich und endlich ist die dritte Stufe des Pluralismus wirklich ein *Schritt*. Wir sind noch lange nicht dort; wir müssen »noch viele Meilen gehen, bevor wir uns ausruhen können«. Die Art von Regierungsorganen, die im Zeitalter der Globalisierung benötigt werden, sind noch nicht entwickelt; das Niveau der Partizipation an der internationalen Zivilgesellschaft ist viel zu gering; regionale Föderationen stecken noch in den Kinderschuhen. Reformen in diesen institutionellen Bereichen werden jedoch selten um ihrer selbst willen angestrebt. Dafür sind viel zu wenig Leute daran interessiert. Den globalen Pluralismus werden wir nur dadurch stärken, daß wir ihn benutzen, die von ihm gebotenen Gelegenheiten ergreifen. Auf der institutionellen Ebene wird es keinen Fortschritt geben, es sei denn im Rahmen einer Kampagne, besser noch einer Reihe von Kampagnen, für mehr Sicherheit und Gleichheit von Gruppen und Individuen auf der ganzen Welt.

Der Sieg der Lehre vom gerechten Krieg –

und die Gefahren ihres Erfolges

I

Manch eine politische Lehre stirbt und geht in den Himmel ein; einige, so meine Hoffnung, sterben und fahren zur Hölle. Anderen aber ist ein langes Leben hier auf Erden beschieden, zumeist eine Geschichte der Willfährigkeit gegenüber den herrschenden Mächten, manchmal auch eine des Widerstands. Die Lehre vom gerechten Krieg erblickt das Licht der Welt im Dienst der Herrschenden. Jedenfalls interpretiere ich so Augustinus' Leistung: Er ersetzte die radikale Weigerung christlicher Pazifisten durch den aktiven Dienst des christlichen Soldaten. Fortan durften fromme Christen für die irdische Stadt kämpfen, für den Frieden des Imperiums – in diesem Fall ganz wörtlich für die *pax Romana* –, aber sie mußten für eine gerechte Sache kämpfen, für den Frieden und stets, wie Augustinus betont, mit Zurückhaltung, ohne Zorn und Begierde. Von der Warte des Urchristentums aus war diese Darlegung des gerechten Krieges nur eine Entschuldigung, eine Möglichkeit den Krieg moralisch und religiös denkbar zu machen. Und genau das war die Aufgabe der Lehre. Ihre Verteidiger würden jedoch behaupten, und ich pflichte ihnen bei, daß sie den Krieg in einer Welt denkbar machte, in der er mitunter notwendig ist.

Von Anfang an hatte die Theorie eine kritische Seite: Soldaten, oder jedenfalls ihre Offiziere, sollten sich weigern, in Eroberungskriegen zu kämpfen. Sie hatten sich der üblichen militärischen Praxis zu widersetzen oder zu enthalten, nach gewonnener Schlacht zum Plündern und Vergewaltigen zu schreiten. Der gerechte Krieg war jedoch, in jedem Sinne des Wortes, eine weltliche Lehre, und sie diente auch weiterhin irdischen Interessen gegenüber einer radikal christlichen Einstellung. Man muß sich allerdings deutlich machen, daß es mehr als eine Spielart des christlichen Radikalismus gab: Er konnte in der pazifistischen Ablehnung jeglichen Krieges zum Ausdruck kommen, aber auch im Krieg selbst, im religiös motivierten Kreuzzug. Augustinus wandte sich gegen die erste, mittelalterliche Scholastiker verwarfen in Anlehnung an Thomas von Aquin die zweite. Die klassische Aussage stammt von Vitoria: »Eine andere Religion zu haben ist kein Grund für einen gerechten Krieg.« Jahrhundertelang, von den Kreuzzügen bis zu den Religionskriegen der Reformation, hielten viele Priester und Prediger des christlichen Europa, viele Herren und Barone – sogar ein paar Könige – es für gerechtfertigt, militärische Gewalt gegen Ungläubige einzusetzen: Sie huldigten ihrer eigenen Version des *djihad.* Im Gegensatz dazu erklärte Vitoria, daß es »nur einen gerechten Grund gibt, einen Krieg zu beginnen, nämlich erlittenes Unrecht«. Die Lehre vom gerechten Krieg wurde einerseits vom kirchlichen Establishment gegen die Pazifisten verwandt und andererseits von den heiligen Kriegern aufgegriffen, und aufgrund ihrer Gegner – und obwohl ihre Befürworter Theologen waren – nahm sie als säkulare Theorie Gestalt an, was nur eine andere Weise ist, ihre Weltlichkeit zu beschreiben.

Die Herrschenden dieser Welt griffen die Lehre gern auf und zogen nicht in einen einzigen Krieg, ohne vorher selbst oder durch den Mund gemieteter Intellektueller erklärt zu haben, es sei ein Krieg für Frieden und Gerechtigkeit. Meistens war diese Bezeichnung natürlich Heuchelei: der Tribut, den das Laster der Tugend zahlt. Aber der Zwang, den Tribut zu zahlen, setzt die Zahlenden der Kritik der Rechtschaffenen aus. Ich denke an die Mutigen und Rechtschaffenen, von denen es immer nur wenige gab (man könnte aber auch sagen: zumindest ein paar). Zu erinnern wäre hier an einen heroischen Augenblick in der Geschichte der akademischen Welt: 1520 versammelte sich die Fakultät der Universität Salamanca feierlich und verurteilte die spanische Eroberung Mexikos als Verstoß gegen das Naturrecht und als ungerechten Krieg. Über das weitere Schicksal der guten Professoren konnte ich nichts herausfinden. Gewiß waren Augenblicke wie diese selten, doch was damals in Salamanca geschah, beweist, daß die Lehre vom gerechten Krieg nie ihre kritische Stoßrichtung eingebüßt hat. Die Lehre lieferte irdische Gründe, in den Krieg zu ziehen, doch die Gründe waren eingeschränkt, und sie hatten irdisch zu sein. Die Bekehrung der Azteken zum Christentum war kein gerechter Grund, und auch nicht der Raub des amerikanisches Goldes oder die Versklavung der Bewohner.

Autoren wie Grotius und Pufendorf nahmen die Lehre vom gerechten Krieg in das internationale Recht auf, der Aufstieg des modernen Staates und die rechtliche (und philosophische) Bejahung der Staatssouveränität drängten die Lehre jedoch in den Hintergrund. Der politische Vordergrund wurde nun von Leuten eingenommen, die wir uns als machiavellistische Fürsten vorstellen können, als harte Männer und manchmal Frauen, die sich von der »Staatsräson« leiten ließen und taten, was sie (ihrer Meinung nach) tun mußten. Weltliche Klugheit siegte über weltliche Gerechtigkeit, Realismus über einen, wie man zunehmend verächtlich sagte, naiven Idealismus. Die Fürsten der Welt führten weiterhin ihre Kriege und bedienten sich dabei der Sprache des internationalen Rechts, die auch, jedenfalls zum Teil, die des gerechten Krieges war. Doch die Rechtfertigungen waren für das Unternehmen selbst eher nebensächlich, und, wie ich vermute, in den Augen der staatstreuen, sie vorbringenden Intellektuellen nicht von großer Bedeutung. Staaten nahmen für sich das Recht in Anspruch, immer dann in den Krieg zu ziehen, wenn ihre Herrscher es für notwendig hielten, und die Herrschenden meinten, Souveränität hieße, niemand dürfe ihre Entscheidungen anfechten. Sie kämpften nicht nur, wann sie wollten, sondern auch wie sie wollten, und kehrten damit zu der alten römischen Maxime zurück, daß der Krieg eine Tätigkeit jenseits des Rechts sei – inter arma silent leges –, was wiederum so verstanden wurde, daß es über oder jenseits der

Staatsdekrete kein Gesetz gebe. Konventionen über das im Krieg Erlaubte oder Nichterlaubte, ließen sich stets um des Sieges willen beiseite schieben. Argumente zur Gerechtigkeit wurden als eine Art des Moralisierens behandelt, die den anarchischen Zuständen der internationalen Gesellschaft nicht entsprach. Für diese Welt war der gerechte Krieg nicht weltlich genug.

In den 50er und 60er Jahren, als ich die Universität besuchte, war Realismus die herrschende Doktrin auf dem Felde der »internationalen Beziehungen«. Es ging nicht um Gerechtigkeit, sondern um Interessen. Moralische Argumente verstießen gegen die Regeln des Fachs, wie es normalerweise praktiziert wurde, obwohl einige Autoren das Interesse als eine neue Moral verteidigten. In jenen Jahren gab es viele Politikwissenschaftler, die sich als moderne Machiavellis sahen und davon träumten, das Ohr der Fürsten zu haben. Eine Reihe von ihnen, groß genug, den Ehrgeiz anderer anzustacheln, erreichten tatsächlich das Ohr der Herrschenden. Sie gaben sich kühl und illusionslos; sie lehrten die Fürsten, die diese Lektion nicht immer brauchten, wie sie durch die kalkulierte Anwendung von Gewalt zu Ergebnissen kommen könnten. Ergebnisse wurden in bezug auf das »nationale Interesse« verstanden, und dies war objektiv durch die Summe an Macht und Reichtum hier und jetzt bestimmt sowie durch die Wahrscheinlichkeit, in Zukunft noch mehr Macht und Reichtum zu gewinnen. Von beidem mehr zu haben galt fast immer als das Bessere. Nur wenige Autoren plädierten dafür, Grenzen als Gebot der Klugheit zu akzeptieren, von moralischen Grenzen war, so weit ich mich erinnere, in jenen Jahren nie die Rede. Die Lehre vom gerechten Krieg wurde in die Religionswissenschaft, die theologischen Seminare und ein paar katholische Universitäten abgeschoben. Und selbst an diesen, von der politischen Welt getrennten Orten wurde die Lehre in die Arme realistischer Positionen getrieben. Mag sein, daß ihre Befürworter aus Gründen der Selbsterhaltung das kritische Potential der Lehre beschnitten.

Die Wende brachte dann der Vietnamkrieg, obwohl es dauerte, bis sich die Veränderung auch theoretisch niederschlug. Was geschah, spielte sich zunächst im Bereich der Praxis ab. Der Krieg wurde Gegenstand politischer Debatten; er stieß auf breiten Widerstand, in der Hauptsache seitens der Linken. Diese Leute waren stark vom Marxismus beeinflußt, und auch sie sprachen von Interessen. Wie die Fürsten und Professoren der amerikanischen Politik verabscheuten sie es zu moralisieren. Doch die Erfahrung des Krieges zwang ihnen moralische Argumentationen auf. Natürlich war der Krieg in ihren Augen durch und durch unklug: Er sei nicht zu gewinnen, die Kosten seien, selbst wenn man nur die amerikanischen berücksichtige, viel zu hoch; es handle sich um ein imperialistisches Abenteuer, das selbst für Imperialisten unweise sei, er mache die USA zu Feinden der nationalen Befreiung, was zu einer Entfremdung von der Dritten Welt – und bedeutenden Teilen der Ersten – führen müsse. Diese Thesen drückten aber in keiner Weise die Empfindungen der meisten Kriegsgegner aus, Empfindungen, die damit zusammenhingen, daß vietnamesische Zivilisten systematisch der Gewalt der amerikanischen Kriegführung ausgesetzt wurden. Nahezu gegen ihren Willen verfiel die Linke ins Moralisieren. Wir alle im Lager der Kriegsgegner begannen, in der Sprache des gerechten Krieges zu reden, obwohl wir gar nicht wußten, daß wir das taten.

Es mag seltsam erscheinen, sich so an die 60er Jahre zu erinnern, denn heute scheint die Linke mit moralischen Argumenten, sogar mit absolutistischen, nur allzu schnell bei der Hand zu sein. Diese Beschreibung der heutigen Linken ist meiner Ansicht nach falsch. Eine bestimmte Art zweckrationale und äußerst selektive moralische Argumente in die politische Debatte zu werfen, greift in der Tat unter linken Autoren rasant um sich, doch dabei handelt es sich nicht um ernsthafte moralische Argumente. Das war es nicht, was wir in den Jahren des Vietnamkriegs gelernt haben oder hätten lernen sollen. Damals sahen sich die Linke und viele andere Leute nach einer gemeinsamen moralischen Sprache um, und es war die des gerechten Krieges, die uns vor allem zur Verfügung stand. Wir alle waren ein wenig eingerostet, ungeübt darin, in der Öffentlichkeit über Moral zu sprechen. Der Aufstieg der Realisten hatte uns genau die Worte genommen, die wir brauchten und die wir uns nur langsam zurückeroberten: Aggression, Intervention, gerechte Sache, Selbstverteidigung, Schutz der Nicht-Kombattanten, Verhältnismäßigkeit, Kriegsgefangene, Zivilisten, Doppeleffekt, Terrorismus, Kriegsverbrechen usw. Wir begriffen, daß diese Wörter eine Bedeutung hatten; natürlich ließen sie sich, wie letztlich alle politischen und moralischen Begriffe, instrumentalisieren, doch wenn wir auf ihre Bedeutung achteten, fanden wir uns in Diskussionen wieder, die ihre eigene Struktur hatten. Wie Charaktere in einem Roman können theoretische Begriffe die Darstellung oder das Argument formen und anleiten, in der oder in dem sie vorkommen.

Nachdem der Krieg zu Ende war, wurde der gerechte Krieg zu einem akademischen Gegenstand; nun entdeckten Politikwissenschaftler und Philosophen die Lehre; in Zeitschriften erschienen Aufsätze dazu, und an den Universitäten wurden Seminare darüber abgehalten – selbst an (amerikanischen) Militärakademien. Eine kleine Gruppe von Vietnamveteranen setzte sich engagiert dafür ein, daß Moraltheorie im Lehrplan der Militärakademien einen zentralen Platz einnahm. Sie hatten schreckliche Erinnerungen. Die Lehre vom gerechten Krieg begrüßten sie gerade deshalb, weil sie in ihren Augen eine kritische Lehre war. Sie ist in der Tat in zweifacher Hinsicht kritisch, zum einen was den Kriegseintritt und zum anderen was die Kriegführung betrifft. Ich vermute, daß es den Veteranen vor allem um das zweite ging. Sie wollten nicht nur verhindern, daß sich das Massaker von My Lai noch einmal wiederholt; als Berufssoldaten wollten sie auch, daß man sie nicht mit Schlächtern in einen Topf warf. Ihre Erfahrung in Vietnam hatte sie gelehrt, daß es nicht reichte, einen Verhaltenskodex aufzustellen, man brauchte auch eine Theorie, mußte also die Sache systematisch angehen. Früher wird vermutlich der aristokratische Ehrbegriff zu einem Verhaltenskodex in der Armee geführt haben; in einem eher demokratischen und egalitären Zeitalter hatte der Kodex mit Argumenten verteidigt zu werden.

Und so argumentierten wir. Die Diskussionen und Debatten erreichten weite Kreise, auch wenn sie, nach dem Ende des Krieges, weitgehend an den Universitäten stattfanden. Man vergißt leicht, wie groß die akademische Welt in den Vereinigten Staaten ist: Es gibt Millionen von Studenten und Tausende von Professoren. Eine Menge Leute waren daher an den Diskussionen beteiligt, zukünftige Bürger und Armeeoffiziere. Meistens wurde die Lehre als Handbuch der Kritik in Kriegszeiten dargestellt, obgleich diese Lesart nicht unwidersprochen blieb. Unsere Fälle und Beispiele bezogen wir aus Vietnam und stellten sie so dar, daß sie zur Kritik herausforderten. (Die Debatte über die atomare Abschreckung wurde ebenfalls zum Teil in den Begriffen des gerechten Krieges geführt, als eine eher technische Debatte erreichte sie jedoch weniger Leute als das Thema Vietnam.) Hier hatten wir einen Krieg, den wir niemals hätten beginnen dürfen, in dem wir schlecht und grausam kämpften, als gebe es keine moralischen Grenzen. So wurde er im Rückblick zum Anlaß, die Grenzlinie zu ziehen – und dafür, uns auf die notwendige moralische Kasuistik einzulassen, um den Verlauf der Linie genau zu bestimmen. Seit Pascals brillanter Denunziation hat die Kasuistik bei Moralphilosophen einen schlechten Ruf. Gemeinhin hält man sie für viel zu lax, eher für eine Aufweichung denn eine Anwendung der moralischen Regeln. Wenn wir uns die Fälle in Vietnam anschauten, neigten wir eher dazu, sie rigoros für unerlaubt zu erklären; wieder und wieder betonten wir, daß das, was da geschehen war, nicht hätte geschehen dürfen.

Vietnam hatte allerdings noch einen anderen Aspekt, der einer moralischen Kritik des Krieges eine besondere Schärfe verlieh: Wir verloren diesen Krieg, und die Grausamkeit, mit der wir in ihm kämpften, trug höchstwahrscheinlich mit zu unserer Niederlage bei. In einem Krieg um »Herzen und Köpfe«, statt um Land und Ressourcen, wird Gerechtigkeit zum Schlüssel für den Sieg. Die Lehre des gerechten Krieges präsentierte sich wieder einmal als die weltliche Lehre, die sie auch ist. Und hier, so meine ich, liegt die tiefste Ursache für den heutigen Triumph der Lehre: Es gibt nun Gründe der Staatsräson, einen gerechten Kampf auszutragen. Man könnte geradezu sagen, Gerechtigkeit ist zu einer militärischen Notwendigkeit geworden.

Vermutlich hat sich schon in früheren Kriegen das bewußte Töten von Zivilisten und der in der Armee verbreitete sorglose Umgang mit dem Leben von Zivilisten als nachteilig herausgestellt. Ein Beispiel dafür ist wohl der Burenkrieg. Doch für uns war der Vietnamkrieg der erste, in dem der praktische Wert des *jus in bello* offensichtlich wurde. Gewiß, normalerweise meint man, daß »Vietnam-Syndrom« erteile eine andere Lektion: daß wir keine Kriege führen sollten, die zu Hause unpopulär sind und in denen wir nicht alle für einen Sieg notwendigen Mittel einsetzen wollen. Tatsächlich gab es noch eine andere Lehre zu ziehen, die mit dem »Syndrom« zwar verbunden, aber nicht identisch war: Wir sollten keine Kriege führen, an deren Gerechtigkeit wir zweifeln, und müssen, einmal in den Krieg gezogen, gerecht kämpfen, um die Zivilbevölkerung, ohne deren Unterstützung ein militärischer Sieg aussichtslos ist, nicht gegen uns aufzubringen. In Vietnam waren die Vietnamesen selbst die entscheidenden Zivilisten; wir verloren den Krieg, als wir ihre »Herzen und Köpfe« verloren. Der Gedanke, daß man auf die Unterstützung der Zivilbevölkerung angewiesen ist, hat sich als außerordentlich weitreichend erwiesen: Moderne Kriegführung ist auf die Unterstützung durch verschiedene Zivilbevölkerungen angewiesen, nicht nur durch die unmittelbar gefährdete Bevölkerung. Die moralische Berücksichtigung der gefährdeten Zivilisten ist entscheidend, wenn man eine breitere Unterstützung für den Krieg ... für jeden modernen Krieg gewinnen möchte. Ich werde dies die Nützlichkeit der Moral nennen. Daß sie weitgehend anerkannt wird, ist etwas in der Militärgeschichte vollkommen Neues.

Nur so erklärt sich das seltsame Schauspiel, daß George Bush (der ältere) im Golfkrieg redete wie ein Theoretiker des gerechten Krieges. Nun, das trifft nicht ganz zu: Bushs Reden und Pressekonferenzen bezeugten die alte amerikanische und von seinem Sohn geerbte Neigung, gerechte Kriege mit Kreuzzügen zu verwechseln, als könne ein Krieg nur dann gerecht sein, wenn die Mächte des Guten gegen die Mächte des Bösen antreten. Bush scheint indes auch verstanden zu haben – und dies war ein Dauerthema der amerikanischen Militärsprecher –, daß Krieg eigentlich ein Krieg zwischen Armeen, ein Kampf zwischen Kombattanten ist, von dem die Zivilbevölkerung ausgenommen werden sollte. Ich glaube nicht, daß die Bombardierung des Irak die Maßstäbe des gerechten Krieges erfüllte. Der Schutz der Zivilbevölkerung hätte sicherlich die Zerstörung von Elektrizitätswerken und Kläranlagen ausgeschlossen. Die städtische Infrastruktur, so notwendig sie für die moderne Kriegführung ist, zählt auch zu den notwendigen Lebensgrundlagen der Zivilbevölkerung in einer heutigen Stadt, und aufgrund des zweiten Merkmals ist sie moralisch definiert. Gleichwohl war die amerikanische Strategie im Golfkrieg das Ergebnis eines Kompromisses zwischen dem, was Gerechtigkeit gefordert hätte, und den unbeschränkten Bombardierungen früherer Kriege. Im großen und ganzen waren die Bombenziele beschränkter und gezielter als etwa in Korea oder Vietnam. Die Gründe dafür waren vielfältig: zum Teil spiegelten sie eine Verpflichtung gegenüber dem irakischen Volk (die sich als nicht sehr stark erwies), und zwar in der Hoffnung, daß die Iraker den Krieg ablehnen und das Regime stürzen würden, das ihn vom Zaun gebrochen hatte; zum Teil spiegelten sie die politischen Notwendigkeiten des den Krieg ermöglichenden Bündnisses. Diese Notwendigkeiten wurden ihrerseits durch die Kriegsberichterstattung in den Medien gebildet, d. h. durch den sofortigen Zugang der Medien zum Kampfgebiet und der Menschen auf der ganzen Welt zu den Medien. Bush und seine Generäle glaubten, daß die Leute ein Abschlachten der Zivilbevölkerung nicht hinnehmen würden, und vermutlich hatten sie damit recht (obwohl es ziemlich unklar ist und war, was es denn bedeutet hätte, daß sie etwas nicht hinnehmen). Die Bombardierungspolitik war daher, obschon viele der für die Unterstützung des Krieges wichtigen Länder keine Demokratien waren, in entscheidender Hinsicht vom *demos* bestimmt.

Das wird auch in Zukunft so sein: Die Medien sind allgegenwärtig, und die ganze Welt schaut zu. Unter diesen Bedingungen kann Krieg nicht mehr dasselbe sein. Bedeutet das aber, daß er gerechter sein muß, oder nur, daß er gerechter aussehen muß, daß er etwas überzeugender als früher in Kategorien der Gerechtigkeit zu beschreiben ist?

Der Sieg der Lehre vom gerechten Krieg ist unübersehbar. Es ist schon erstaunlich, wie mühelos Militärsprecher im Kosovo- und Afghanistankrieg sich ihrer Begriffe bedienten, wenn sie eine kausale, den Krieg rechtfertigende Geschichte boten und bei der Schilderung des Kampfgeschehens betonten, daß die Grenzen gewahrt blieben. In der Vergangenheit sahen die Argumente (und Rationalisierungen) ganz anders aus; in der Regel kamen sie nicht aus den Reihen des Militärs – sie kamen von Priestern, Anwälten und Professoren, nicht von Generälen –, und für gewöhnlich fehlte es ihnen an spezifischen und detaillierten Ausführungen. Was aber bedeutet nun die Verwendung dieser Kategorien, dieses Reden über Gerechtigkeit und Moral?

Möglicherweise ist es naiv von mir zu meinen, Gerechtigkeit sei in allen westlichen Ländern zu einem Prüfstein für jede vorgeschlagene Militärstrategie und -taktik geworden – gewiß, zu einem Prüfstein unter anderen und nicht einmal zum wichtigsten, aber dennoch verleiht es der Lehre vom gerechten Krieg einen Rang und ein Ansehen, die sie nie zuvor genossen hat. Heute können wir uns leichter als je zuvor einen General vorstellen, der erklärt: »Nein, das geht nicht; dabei würden zu viele Zivilisten umkommen. Wir müssen einen anderen Weg finden.« Ich bin mir nicht sicher, ob viele Generäle so reden, aber nehmen wir einmal an, es gebe sie; gehen wir davon aus, daß Strategien sowohl militärisch als auch moralisch bewertet werden; daß man die Todesfälle unter Zivilisten so gering wie möglich halten will, daß neue Technologien entwickelt werden, um Kollateralschäden zu vermeiden oder zu begrenzen, und daß diese Technologien tatsächlich den beabsichtigten Zweck erfüllen. Die Moraltheorie ist als wirkliche Schranke für das Wann und Wie eines Krieges in die Kriegführung aufgenommen worden. Erinnern wir uns, dieses Bild ist fiktiv, doch es ist auch zum Teil wahr; und das ist ein sehr viel interessanteres Argument als die übliche Behauptung, der Sieg des gerechten Krieges sei reine Heuchelei. Der Sieg ist wirklich: Was also bleibt den Theoretikern und Philosophen noch zu tun?

Die Frage ist unserem Bewußtsein hinreichend gegenwärtig – sie besitzt, wie die Franzosen sagen, Aktualität –, so daß man beobachten kann, wie Leute darauf reagieren. Es gibt zwei Reaktionen, die ich beschreiben und kritisieren möchte. Die erste stammt von den, wie ich sie einmal wütend nennen möchte, linken Idioten. Sie behauptet nicht, daß das ganze Gerede von Gerechtigkeit heuchlerisch sei, denn Heuchelei beruhe auf Maßstäben, aber diese gebe es so wenig wie einen objektiven Gebrauch der Kategorien der Lehre vom gerechten Krieg. Politiker und Generäle, die sich die Kategorien zu eigen machen, täuschen sich selbst – allerdings nicht mehr als die Theoretiker, die sie überhaupt erst entwickelt haben. Mag sein, daß neue Technologien weniger Leute töten, es ist aber witzlos darüber zu reden, wer diese Leute seien und ob es gerechtfertigt sei, sie zu töten oder nicht. Über Gerechtigkeit oder Schuld und Unschuld könne man sich nicht einig werden. Diese Ansicht bringt ein Spruch auf den Punkt, der unmittelbar auf unsere Situation anspielt: »Wer für den einen ein Terrorist ist, ist für den anderen ein Freiheitskämpfer.« Nach dieser Auffassung gibt es für den Theoretiker und Philosophen nichts zu tun, als sich für die eine oder andere Seite zu entscheiden, und bei seiner Wahl kann ihn nicht einmal eine Theorie oder ein Prinzip leiten. Das ist jedoch eine unhaltbare Position, behauptet sie doch, wir könnten nicht das tun, von dem wir wissen, daß wir es tun müssen: die Ermordung Unschuldiger zu erkennen, zu verurteilen und aktiv zu verhindern.

Eine zweite Reaktion besteht darin, dies moralische Wissen sehr ernst zu nehmen und dann den theoretischen Einsatz zu erhöhen, d. h. die Grenzen enger zu ziehen, die von einer gerechten Kriegführung verlangt werden. Für Theoretiker, die sich selbst rühmen, die Kritik zu ihrem täglichen Brot gemacht zu haben, ist dies eine offensichtliche und verständliche Reaktion. Viele Jahre lang haben wir mit der Lehre vom gerechten Krieg die amerikanischen Militäraktionen kritisiert, und nun wird sie von den Generälen übernommen und dazu verwandt, eben diese Aktionen zu erklären und zu rechtfertigen. Zweifellos müssen wir uns da widersetzen. Die einfachste Weise, dies zu tun, besteht darin, den Schutz der Nicht-Kombattanten zu einem immer stärkeren Gebot zu machen, so lange bis es so etwas wie ein absolutes Gebot ist: Jeder Krieg, der Zivilisten gefährdet, ist ein ungerechter Krieg, was letztlich heißt, jeder Krieg ist ungerecht. So ersteht der Pazifismus aus dem Kern jener Theorie wieder neu, die ihn ursprünglich ersetzen sollte. Viele Gegner des Afghanistankriegs haben in jüngster Zeit nach genau dieser Strategie gegriffen. Bei Protestmärschen an amerikanischen Universitäten wurde auf Transparenten gefordert »Stoppt das Bombardement« und das Argument dafür war sehr einfach (und offensichtlich richtig): Bombardierungen gefährden und töten Zivilisten. Anscheinend hatten die Demonstranten nicht den Eindruck, daß dazu noch mehr zu sagen ist.

Da ich glaube, daß Kriege manchmal immer noch notwendig sind, scheint es mir ein schlechtes Argument, und allgemeiner, eine schlechte Reaktion auf den Sieg der Lehre vom gerechten Krieg zu sein. Zwar hält sie an der kritischen Funktion der Lehre in bezug auf den Krieg allgemein fest, spricht ihr aber die immer schon von ihr in Anspruch genommene kritische Aufgabe ab, jene nämlich, die sich mit dem Geschäft des Krieges selbst auseinandersetzt und vom Kritiker verlangt, daß er sein Augenmerk auf das richtet, was Soldaten zu tun versuchen und was nicht. Die Weigerung, solche Unterscheidungen zu treffen, seine Aufmerksamkeit der Strategie und Taktik zu widmen, läßt auf eine Doktrin des radikalen Argwohns schließen. Es ist der Radikalismus von Leuten, die nicht erwarten, jemals Macht auszuüben oder Gewalt einzusetzen, und deshalb nicht darauf vorbereitet sind, die Urteile zu fällen, die ein solcher Einsatz und eine solche Ausübung verlangen. Im Gegensatz dazu ist die Lehre vom gerechten Krieg, selbst wenn sie die schonungslose Kritik einzelner Kriegshandlungen erfordert, die Lehre von Leuten, die erwarten, Macht auszuüben und Gewalt einzusetzen. Wir können sie als eine Lehre der radikalen Verantwortung verstehen, denn sie hält politische und militärische Führer zuerst für das Wohlergehen ihres eigenen Volkes, dann aber auch für das der Männer und Frauen auf der anderen Seite für verantwortlich. Ihre Befürworter widersetzen sich denen, die nicht realistisch über die Verteidigung ihres eigenen Landes nachdenken, und auch jenen, die die Menschlichkeit ihrer Gegner nicht anerkennen wollen. Sie betonen, daß es Dinge gibt, die selbst seinem Feind anzutun, moralisch verboten ist. Sie bestehen aber auch darauf, daß kämpfen an sich nicht moralisch verboten sein kann. Ein gerechter Krieg soll und muß führbar sein.

Der Sieg der Lehre vom gerechten Krieg bringt noch eine andere Gefahr mit sich – nicht die des radikalen Relativismus noch die des von mir gerade beschriebenen Absolutismus, sondern eher ein gewisses Erschlaffen des kritischen Geistes, einen Waffenstillstand zwischen Theoretikern und Soldaten. Wenn Intellektuelle schon vor Ehrfurcht erstarren und den Mund halten, sobald Staatsmänner sie zum Essen einladen, wieviel mehr ist das zu erwarten, wenn die Einladung von Generälen kommt, die ihre Sprache sprechen? Und wenn Generäle tatsächlich gerechte Kriege führen, wenn das Recht *inter arma* spricht, welchen Sinn hat dann noch irgend etwas, das wir sagen können? Tatsächlich hat sich unsere Rolle gar nicht so sehr verändert. Wir haben immer noch zu betonen, daß Krieg eine moralisch verdächtige und diffizile Angelegenheit ist. Selbst wenn wir (im Westen) gerechte Kriege am Golf, im Kosovo und in Afghanistan geführt haben, heißt das noch lange nicht, daß unser nächster Krieg gerecht sein wird. Und selbst wenn es zu einer militärischen Notwendigkeit geworden ist, den Schutz der Nicht-Kombattanten anzuerkennen, gerät er noch immer in Konflikt mit anderen, dringlicheren Notwendigkeiten. Gerechtigkeit muß nach wie vor verteidigt werden, Entscheidungen darüber, wann und wie der Krieg zu führen ist, bedürfen noch stets der kritischen Untersuchung.

Zugleich müssen wir unsere Darlegung des »Wann und Wie« ausweiten, um den neuen Strategien, den neuen Technologien und der neuen Politik im Zeitalter der Globalisierung Rechnung zu tragen. Alte Ideen lassen sich möglicherweise nicht in die neu entstehenden Realitäten einfügen: Der »Krieg gegen den Terrorismus«, um das jüngste Beispiel zu nehmen, verlangt nach einer internationalen Zusammenarbeit, die sowohl theoretisch als auch praktisch noch nicht entwickelt ist. Wir sollten es begrüßen, wenn Armeeoffiziere sich an der theoretischen Argumentation beteiligen; sie werden dafür sorgen, daß sie stichhaltiger ist, als sie es wäre, wenn nur Professoren sich dafür interessierten. Aber wir können den Militärs die Argumentation nicht überlassen. Wie das alte Sprichwort sagt, Krieg ist viel zu wichtig, als daß man ihn den Generälen überlassen könnte, und der gerechte Krieg erst recht. Die anhaltende Kritik an der Kriegführung durch die Bürger ist eine unschätzbare demokratische Tätigkeit.

II

Ich möchte nun zwei, durch die jüngsten Kriege aufgeworfene Fragen erörtern, die durch die kritische Brille der Gerechtigkeit zu betrachten sind.

Erstens: die risikolose Kriegführung. Einige Beobachter meinten, sie sei ein notwendiges Merkmal humanitärer Interventionen etwa des Kosovokriegs: Soldaten, die für die Menschlichkeit kämpfen, werden anders als Soldaten, die ihr Land und ihre Mitbürger verteidigen, nicht ihr Leben aufs Spiel setzen; bzw. ihre führenden Politiker werden es nicht wagen, sie dazu aufzufordern. Hilfe für ein Volk in verzweifelter Lage, für das Objekt von Massakern oder ethnischen Säuberungen ist daher nur möglich, wenn ein risikoloser Krieg denkbar ist. Und ganz offensichtlich ist das möglich: Kriege können aus der Distanz mit Bomben und Raketen ausgetragen werden, die verglichen mit der Ungenauigkeit solcher Waffen noch vor ein paar Jahrzehnten sich sehr genau auf die für die Ermordung und Deportation verantwortlichen Kräfte lenken lassen. Die Techniker und Soldaten, die derartige Waffen in ihr Ziel lenken, sind, wie die jüngsten Kriege bewiesen, vor einem Gegenangriff weitgehend sicher. Kein Grundsatz aus der Lehre vom gerechten Krieg verbietet diese Art der Kriegführung. Solange sie ihre militärischen Ziele präzise treffen, haben Soldaten jedes Recht, aus sicherer Entfernung zu kämpfen. Und welcher für seine Soldaten verantwortliche Kommandeur würde es nicht vorziehen, wo immer es möglich ist, auf diese Weise zu kämpfen? Albert Camus schrieb einmal, man dürfe nicht töten, wenn man nicht bereit sei zu sterben. Das scheint eine zweifelhafte Behauptung. Wie kann sie für eine Schlacht gelten, in der es doch gerade darum geht, zu töten und selbst am Leben zu bleiben? (Camus ist eher mit dem Problem beschäftigt, ob es ein »gerechtes Attentat« geben kann.) Gleichwohl hat Camus in gewisser Weise recht.

Die Theoretiker des gerechten Krieges haben diese Frage meines Wissens nach nicht erörtert, wir sollten es aber sicherlich tun. Massaker und ethnische Säuberungen finden üblicherweise auf dem Boden statt. Das grausige Werk könnte zwar auch mit Bomben und Giftgas aus der Luft ausgeführt werden, in Bosnien, im Kosovo, in Ruanda, Osttimor und Sierra Leone waren aber Gewehre, Macheten und Keulen die Mordwerkzeuge, das Töten und Terrorisieren der Bevölkerung geschah aus der Nähe. Ein risikoloses Eingreifen aus der Entfernung – vor allem wenn es langfristig erfolgreich zu sein verspricht – wird vermutlich das Morden auf dem Boden unmittelbar beschleunigen. Verhindern läßt sich das nur durch den Einsatz von Bodentruppen, und ein solcher Einsatz scheint mir moralisch notwendig zu sein. Schließlich beabsichtigt die Intervention, die bedrohten Menschen zu retten, und der Kampf am Boden ist, in dem von mir vorgestellten Fall, genau das zu ihrer Rettung Nötige. Von »risikolos« kann dann allerdings nicht mehr die Rede sein. Warum sollte sich unter diesen Umständen irgend jemand auf eine Intervention einlassen?

In der Tat ist ein Risiko dieses Zuschnitts ein allgemeines Merkmal des *jus in bello*, und obwohl viele Soldaten es nicht auf sich nehmen wollen, sind andere durchaus bereit dazu. Der Grundsatz ist folgender: Gefährden wir durch unser Handeln Unschuldige, so müssen wir, selbst wenn unser Vorgehen an sich gerechtfertigt ist, alles in unseren Kräften Stehende tun, um die Gefahren zu verringern, und sei es dadurch, daß wir unsere eigenen Soldaten gefährden. Bombardieren wir in einem gerechten Krieg militärische Ziele, in deren Nähe Zivilisten leben, so müssen wir unsere Bombardierungspolitik darauf einstellen, zum Beispiel indem wir tiefer fliegen und damit die Gefährdung der Zivilisten verringern. Natürlich ist es erlaubt, Risiken gegeneinander abzuwägen; wir können von unseren Piloten nicht verlangen, daß sie ein Selbstmordunternehmen durchführen. Sie müssen, wie Camus sagt, »bereit sein zu sterben«, was Maßnahmen zum Schutz ihres Lebens natürlich nicht ausschließt. Wie abzuwägen ist, muß in jedem einzelnen Fall erörtert werden. Was jedoch meiner Meinung nach nicht erlaubt sein kann, ist das Vorgehen der NATO im Kosovokrieg, in dem die Verantwortlichen von Anfang an erklärten, sie dächten nicht daran, Bodentruppen einzusetzen, was auch immer im Kosovo nach Beginn des Luftkrieges geschehen mag. Die Verantwortung für die verstärkte serbische Kampagne gegen kosovarische Zivilisten, eine unmittelbare Folge der Luftangriffe, fällt ohne Zweifel der serbischen Regierung und Armee zu. Sie sind die Schuldigen. Gleichzeitig aber war es ein vorhersehbares Resultat unseres Vorgehens, und sofern wir nichts taten, um darauf vorbereitet zu sein oder darauf zu reagieren, trifft auch uns Schuld. Wir gefährdeten andere und weigerten uns, selbst dort wo es notwendig gewesen wäre, ein Risiko einzugehen, um anderen zu helfen.

Die zweite Frage dreht sich um die Beendigung des Krieges. Nach der gewöhnlichen Auffassung sollte ein gerechter Krieg (eben weil er kein Kreuzzug ist) mit der Restauration des Status quo ante enden. Das Paradigma ist der Aggressionskrieg, der genau dann endet, wenn der Angreifer geschlagen, sein Angriff abgewiesen und die alten Grenzen wiederhergestellt sind. Möglicherweise genügt das nicht für einen gerechten Friedensschluß: Der überfallene Staat mag vom Aggressorstaat Reparationen einfordern, um die von dessen Armee verursachten Schäden zu beheben. Restauration wird hier zwar etwas weiter gefaßt, bleibt aber immer noch Restauration. Denkbar ist auch, daß der Friedensvertrag neue Sicherheitsgarantien umfaßt, die vor dem Krieg nicht gegeben waren, damit der Status quo in Zukunft dauerhafter ist. Aber das wär's dann auch; so wie die Theorie im allgemeinen ausgelegt wurde, erstreckte sie sich nicht auf die Neuordnung des feindlichen Staates, und das Völkerrecht mit seinem Verständnis von Souveränität würde einen erzwungenen Regimewechsel für einen neuerlichen Akt der Aggression gehalten haben. Was nach dem Zweiten Weltkrieg in Deutschland und Japan geschah, war in der Geschichte des Krieges etwas vollkommen Neues, und die Legitimität von Besatzung und politischer Neuordnung ist immer noch umstritten, selbst unter Theoretikern und Juristen, die den Umgang mit dem Naziregime zumindest für gerechtfertigt halten. Als sich der Golfkrieg 1991 dem Ende näherte, gab es daher wenig Bereitschaft, auf Bagdad vorzustoßen und die Regierung Saddam Husseins abzusetzen, obwohl sie im Vorfeld des Krieges mit den Nazis verglichen worden war. Natürlich gab es sowohl militärisch als auch geopolitische Argumente gegen eine Fortsetzung des Krieges, nachdem der Angriff auf Kuwait zurückgeschlagen war, darüber hinaus kamen aber auch Gerechtigkeitserwägungen ins Spiel: Selbst wenn der Irak eine neue Regierung »brauchte«, konnte nur das irakische Volk dieses Bedürfnis erfüllen. Eine von fremden Armeen eingesetzte Regierung würde niemals als Ergebnis oder als künftiger Träger der Selbstbestimmung akzeptiert werden.

Die Beispiele aus der Zeit nach dem Zweiten Weltkrieg sprechen jedoch gegen diese letzte These. Ist die eingesetzte Regierung demokratisch und sorgt sie schnell für eine Öffnung der politischen Arena und richtet Wahlen aus, vermag sie die Erinnerung an ihre Zwangseinsetzung auszulöschen (so erklärt sich der Unterschied zwischen West- und Ostregime im Nachkriegsdeutschland). Humanitäre Interventionen stellen jedenfalls an die Beendigung des Krieges ganz andere Anforderungen. Denn ein Krieg setzt hier von Anfang an auf die Ablösung des für die Unmenschlichkeit verantwortlichen Regimes. Zu erreichen ist das beispielsweise durch die Unterstützung einer Sezessionsbewegung, wofür sich die Inder im Fall des heutigen Bangladesch entschieden; oder durch die Ausweisung eines Diktators, was Tansania mit Ugandas Idi Amin machte, oder durch die Schaffung einer neuen Regierung, so die Vietnamesen in Kambodscha. In Osttimor, dem jüngsten Fall, führten die Vereinten Nationen ein Referendum für die Unabhängigkeit durch und sorgten dann für die Bildung einer neuen Regierung. Wäre es zu einer Intervention in Ruanda gekommen, wozu es eigentlich hätte kommen müssen, hätte sie es sich bestimmt zum Ziel gesetzt, das Hutu-Regime zu stürzen. Gerechtigkeit würde nach einer Ablösung verlangt haben. Doch was für eine

Gerechtigkeit ist das? Wer sind ihre Subjekte, und welchen Regeln folgen ihre Handlungen?

Wie das Beispiel Ruanda zeigt, scheuen sich die meisten Staaten, eine solche Verantwortung auf sich zu nehmen, und wenn sie es, aus welchen politischen Gründen auch immer, dennoch tun, wollen sie sich nicht bestimmten moralischen Regeln unterwerfen. In Kambodscha beendeten die Vietnamesen das Morden, was zweifellos eine gute Sache war, dann gingen sie jedoch daran, eine ihren eigenen Interessen dienende Marionettenregierung einzusetzen, die niemals, weder in noch außerhalb von Kambodscha, als rechtmäßig anerkannt wurde und die innere Zerrissenheit des Landes nicht heilen konnte. Rechtmäßigkeit und die Fähigkeit, einen Schlußstrich zu ziehen, das sind die beiden Kriterien zur Beurteilung des Kriegsendes. Beide werden wahrscheinlich in nahezu allen humanitären Interventionen erforderlich sein, denn hier ist mehr als nur die Restauration des Status quo ante nötig, war dieser doch Ursache für eben jene, die Intervention veranlassende Krise. Rechtmäßigkeit und die Fähigkeit, einen Schlußstrich zu ziehen, sind schwer zu erfüllende Bedingungen. Zum Teil hängen die Schwierigkeiten mit strategischen Interessen zusammen, wie im Falle Vietnam und Kambodscha. Materielle Interessen spielen ebenfalls eine große Rolle: Die Neubildung einer Regierung ist eine kostspielige Sache. Sie erfordert eine beträchtliche Bereitstellung von Ressourcen, während der Nutzen größtenteils spekulativ und immateriell bleibt ist. Tatsächlich läßt sich immer noch auf den Nutzen eines moralischen Verhaltens in solchen Fällen hinweisen. Eine erfolgreiche und ausgedehnte Intervention bringt bedeutende Vorteile mit sich: nicht nur Dankbarkeit und Freundschaft, sondern auch mehr Frieden und Stabilität in einer Welt, in der ein Mangel an beiden teuer zu stehen kommt – den unmittelbaren Opfern und allen anderen. Gleichwohl haben die einzelnen Länder stets gute Gründe, sich nicht die Kosten für diese Vorteile aufzuladen, oder sie mögen, falls sie es doch tun, Gründe finden, ihrer Aufgabe nicht besonders gut nachzukommen. Wir brauchen also immer noch die kritische Schneide der Gerechtigkeit.

Die Gründe für die Beendigung des Krieges sind ähnlich denen für das Risiko: Sobald wir auf eine Weise gehandelt haben, die beträchtliche negative Folgen für andere Menschen nach sich zieht (gleichgültig ob sie auch positive Folgen hatte), können wir uns nicht einfach davonmachen. Stellen wir uns eine humanitäre Intervention vor, die sich nach der Beendigung der Massaker und dem Sturz des mörderischen Regimes zurückzieht. Das Land ist verwüstet, die Wirtschaft zerstört, die Menschen hungrig und verängstigt. Recht und Gesetz gibt es ebenso wenig wie eine durchsetzungsfähige Autorität. Die Interventionsmächte haben zwar ihre Arbeit gut erledigt, aber nicht zu einem Ende gebracht. Wie kann das sein? Ist der Preis für gut geleistete Arbeit der, daß man sich die Verantwortung auflädt, wieder und wieder gute Arbeit zu leisten? Die Arbeit des Guten ist niemals vollendet. Das scheint unfair zu sein. Doch in der wirklichen Welt, nicht nur in der Welt der internationalen Politik, sondern auch in der Welt alltäglicher Moral liegen die Dinge nun einmal so (obwohl das Gute selbstverständlich nie so unkompliziert ist). Betrachten wir den russisch-afghanischen Krieg: Die amerikanische Regierung griff entscheidend ein, sie kämpfte durch Stellvertreter und errang schließlich einen großen Sieg. Die Russen wurden zum Rückzug gezwungen. Das war die letzte Auseinandersetzung des Kalten Krieges. Amerikas Intervention war fraglos durch geopolitische und strategische Überlegungen motiviert, obschon die Überzeugung, daß die Afghanen gegen ein Unterdrückungsregime und für ihre nationale Befreiung kämpften, für die Verantwortlichen wohl auch ins Gewicht fiel. Bei Kriegsende lag das Land in Trümmern und es herrschte Anarchie. An diesem Punkt verabschiedeten sich die Amerikaner und setzten sich damit moralisch wie politisch ins Unrecht. Die Russen zogen sich zurück und taten damit das einzig Richtige. Amerika hatte (verhältnismäßig) richtig gehandelt, d. h. im Sinn der großen Mehrheit des afghanischen Volkes, und doch war es verpflichtet, weiterhin richtig zu handeln. Die Russen hatten schlecht gehandelt und waren aus der Sache raus. Das klingt verdreht, und dennoch glaube ich, daß damit die Verteilung von Verantwortung richtig beschrieben ist. Wir müssen jedoch besser verstehen, wie es zu dieser Sachlage kommt und warum sie so abläuft. Was wir brauchen ist eine Theorie, die uns sagt, wie wir mit Anstand, unter Wahrung der Gerechtigkeit, aus der Sache wieder herauskommen, und die die gegenwärtigen Erfahrungen mit humanitären und anderen Interventionen reflektiert, so daß Länder, die solche Kriege führen, wissen, wo ihre Verantwortung im Falle eines Sieges liegt. Nützlich wäre zudem, wenn es eine bislang noch nicht existierende internationale Organisation gäbe, die dergleichen Verpflichtungen festlegte und wenn nötig durchsetzte.

Eine Theorie der gerechten Beendigung einer Intervention muß ferner darlegen, unter welchen Bedingungen Okkupation, Regimewechsel und Protektorat legitim sind, und selbstverständlich muß sie in all diesen Bereichen illegitimes und unmoralisches Tun benennen. Von dieser Verbindung hat die Lehre des gerechten Krieges stets gehandelt: Sie macht moralisch fragwürdige Taten und Vorgehensweisen *möglich*, indem sie die entsprechenden Gelegenheiten einschränkt und ihr Verhalten regelt. Werden die Grenzen eingehalten, sind die Taten und Vorgehensweisen gerechtfertigt, und der Theoretiker des gerechten Krieges muß das einräumen, selbst wenn er wie ein Apologet der herrschenden Mächte klingt. Werden sie nicht eingehalten, sind die Grausamkeiten des Krieges oder seiner Nachwehen schrankenlos, dann hat er auch das zu sagen, und sollte er darüber als Verräter und Volksfeind gebrandmarkt werden.

Es ist von größter Bedeutung, daß wir nicht an nur einem Aspekt klebenbleiben. Tatsächlich verlangt die Lehre vom gerechten Krieg, daß wir gleichzeitig an unserer Verpflichtung beiden Aspekten gegenüber festhalten. In diesem Sinne gleicht der gerechte Krieg einer guten Regierung: Adjektiv und Substantiv stehen in einem tiefen und anhaltenden Spannungsverhältnis, sind aber nicht notwendig widersprüchlich. Gelangen Reformer an die Macht und sorgen für eine bessere (etwa weniger korrupte) Regierung, müssen wir die Verbesserung freimütig eingestehen. Klammern sie sich aber zu lange an die Macht und werden sie zum Abbild ihrer Vorgänger, müssen wir bereit sein, ihr Verhalten zu kritisieren. Die Lehre vom gerechten Krieg ist keine Apologie irgendeines bestimmten Krieges, und sie ist nicht die Absage an den Krieg an sich. Sie ist dazu gedacht, unsere ständige Wachsamkeit und Kritikbereitschaft zu erhalten. Darauf können wir, mögen Generäle auch wie Theoretiker reden, nicht verzichten, und ich bin sicher, wir werden es nie können.

Die Ethik der Kriegführung I

Zwei Arten militärischer Verantwortung

Wenn ich über militärische Verantwortung schreibe, möchte ich jede Bezugnahme auf Fragen des freien Willens, der Intentionalität und Handlungstheorie vermeiden. Statt dessen werde ich ein meiner Meinung nach sehr schwieriges praktisches Problem thematisieren, das unser Verständnis der militärischen Verantwortung und ihre Durchsetzbarkeit betrifft.

Es gehört zu den Zielen jeder institutionellen Hierarchie, vor allem der bürokratischen oder militärischen Befehlshierarchie, Fragen der Verantwortung zu klären. Wer ist wem in welcher Sache verantwortlich? Die Antwort darauf sollte das Organisationsdiagramm geben. Sobald ein Offizier oder Soldat sich in dem Diagramm oder der Befehlshierarchie wiedergefunden hat, muß er genau wissen, wer seine Vorgesetzten und wer seine Untergebenen sind und was sie zu Recht von ihm erwarten dürfen.

Betrachten wir nun einen Offizier der mittleren Ebene in Kriegszeiten, der für taktische Entscheidungen auf dem Schlachtfeld verantwortlich ist. Er trägt eine zweifache Verantwortung, die sich ganz einfach durch ihre Richtung beschreiben läßt. Erstens ist er nach *oben* verantwortlich – seinen Armeekommandeuren und dann vermittelt über den höchsten von ihnen, dem Oberbefehlshaber, dem souveränen Volk, dessen »Offizier« er eigentlich ist und dessen kollektive Sicherheit und Schutz er gewährleisten soll. Er hat die Pflicht, die Schlachten, an denen er beteiligt ist, zu gewinnen, oder vielmehr sein Bestes für einen Sieg zu geben, den rechtmäßigen Befehlen seiner unmittelbaren Vorgesetzten zu gehorchen, seine eigenen Entscheidungen auf den größeren strategischen Plan abzustimmen, mühevolle, aber notwendige Aufgaben zu übernehmen, den Erfolg des Kollektivs und nicht seinen persönlichen Ruhm im Auge zu haben. Für nicht oder schlecht durchgeführte Befehle ist er ebenso verantwortlich wie für alle vermeidbaren Niederlagen. Er ist die ganze Hierarchie hinauf jedem seiner Vorgesetzten verantwortlich und letztlich dem gewöhnlichen Bürger seines Landes, der vermutlich unter seinen Fehlern leiden muß.

Es gibt aber noch andere, die wahrscheinlich die Zeche für die Fehler des Offiziers und oft genug auch für seine Erfolge zahlen müssen, nämlich die unter seinem Befehl stehenden Soldaten. Deshalb ist er auch nach *unten* – für jeden einzelnen Soldaten – verantwortlich. In gewissem Sinne sind seine Soldaten die Werkzeuge, mit denen er seine Siege erringen soll. Es sind aber auch Männer und Frauen, für deren Leben er, gerade weil sie ihm zur Verfügung stehen, Sorge trägt. Er hat die Gefahren, mit denen seine Soldaten konfrontiert sind, zu verringern, überlegt und klug zu kämpfen und ihr Leben nicht leichtsinnig aufs Spiel zu setzen, d. h. er sollte keine Schlachten schlagen, die nicht zu gewinnen sind, keine Siege suchen, deren Kosten ihren militärischen Gewinn übersteigen usw. Seine Soldaten haben jedes Recht, das von ihm zu erwarten und ihm jede ihr Leben gefährdende Unterlassung, Pflichtverletzung, Nachlässigkeit und Rücksichtslosigkeit vorzuwerfen.

Diese beiden Arten der Verantwortlichkeit nach oben und unten in der Befehlshierarchie bilden zusammen das, was ich die hierarchische Verantwortlichkeit des Offiziers nennen werde. Ich nehme an, daß es zwischen den beiden zu Spannungen kommen kann und daß diese für gewöhnlich auf dem Schlachtfeld zutage treten. Grund dafür muß das von den Offizieren empfundene Bedauern sein, daß ihre primären Kampfwerkzeuge Menschen sind, zu denen sie eine moralische Bindung haben. Ich glaube allerdings nicht, daß es unmittelbare Konflikte und Widersprüche zwischen der Verantwortung nach oben und unten gibt. Denn es gibt nur eine Hierarchie, eine Befehlshierarchie, und zumindest im Prinzip nur einen Begriff von Sieg und schließlich die ganze Befehlshierarchie hinunter nur einen Willen zum Sieg. Daher kann ein Kommandeur, der seine Soldaten opfert, unmöglich etwas Unrechtes tun, vorausgesetzt, er gibt sein Bestes, um die Zahl der Opfer so klein wie möglich zu halten. Wann immer ich etwas über den Stellungskrieg im Zweiten Weltkrieg lese, kann ich mich kaum des Eindrucks erwehren, daß die Offiziere, die so viele ihrer Leute wegen eines winzigen Geländegewinns von einem Angriff in den nächsten und so in den Tod schickten, buchstäblich verrückt waren. Wenn das so ist, dann wiederholte sich der Irrsinn auf jeder Stufe der Hierarchie – bis hin zu jener, auf der die führenden Politiker jeden Kompromiß ablehnten, der den Krieg hätte beendigen können. Daher handelten die Offiziere weiter unten in der Hierarchie, zumindest jene, die jeden der Angriffe sorgfältig vorbereiteten und abbliesen, sobald seine Vergeblichkeit klar wurde, keineswegs moralisch falsch, während Offiziere, die es sowohl vorher an Sorgfalt fehlen ließen als auch nachher ihr Versagen nicht zugeben wollten, sich zweifellos einer Verletzung ihrer hierarchischen Verantwortung schuldig machten. Das alles trifft zu, selbst wenn der Krieg im ganzen oder seine Fortsetzung ungerechtfertigt waren und diese Art des Kämpfens überhaupt an Irrsinn grenzte. Ich glaube nicht, daß es je unzulässig ist, daß ein Offizier seine Soldaten in die Schlacht schickt: Dazu sind er und sie schließlich da.

Anders liegt der Fall meiner Meinung nach, wenn es um die Verantwortung des Offiziers für die zivilen Todesopfer der von ihm gefochtenen Schlachten geht. Als moralisches Subjekt ist er auch nach *außen* verantwortlich – für all die Leute, deren Leben von seinem Tun berührt wird. Da wir alle moralische Subjekte sind, ist keiner unter uns von dieser Verantwortung entbunden, und sie ist zumindest in erster Linie nicht-hierarchisch. Kein Organisationsdiagramm vermag unsere Pflichten oder Verpflichtungen gegenüber anderen Menschen im allgemeinen zu bestimmen. Was wir tun sollten, wenn wir nach außen schauen, ist durch göttliches oder natürliches Recht vorgegeben, durch einen Begriff der Menschenrechte, durch eine utilitaristische Rechnung, in der jedermanns Interesse, nicht derjenigen oben oder unten in der Hierarchie, zu berücksichtigen ist. Wie immer das im einzelnen Fall aussieht, es ist klar, daß die Pflichten und Verpflichtungen moralischer Subjekte mit den Forderungen der Organisationen, in denen sie stehen, in Widerspruch geraten können. Geht es um den Staat oder eine Armee im Krieg, ist der Konflikt oft dramatisch und schmerzhaft. Die Zivilisten, deren Leben gefährdet wird, sind für gewöhnlich weder Vorgesetzte noch Untergebene: Sie sind nicht Teil der Hierarchie. Der ihnen zugefügte Schaden kann ein Unrecht sein und ist es oft, was jedoch noch wichtiger ist, er kann – wie ich zeigen möchte – selbst dann ein Unrecht sein, wenn er im Laufe von militärischen Operationen entsteht, die in strikter Übereinstimmung mit den Vorschriften der hierarchischen Verantwortung durchgeführt werden.

Die von mir getroffene Unterscheidung zwischen zwei Arten militärischer Verantwortung – der hierarchischen und der nicht-hierarchischen – ist natürlich viel zu scharf und sauber. Seit langem bemüht man sich darum, die zweite in die erste aufzunehmen, d. h. Soldaten sollten ihren Offizieren für Verbrechen an der Zivilbevölkerung verantwortlich sein, und die Offiziere ihrerseits sollten von ihren Vorgesetzten (und selbst von ihren Gegnern) für die von ihren Soldaten begangenen Verbrechen zur Verantwortung gezogen werden. Die Anstrengung ist ohne Zweifel lobenswert, und ich bin weit davon entfernt, ihren Wert geringzuschätzen. Es ist jedoch nur fair zu sagen, daß sie nicht sehr weit gediehen ist. Am ehesten greift sie noch bei solchen Verbrechen an Zivilisten, die sozusagen für die Kriegsanstrengung als Ganze sinnlos sind, und dann wiederum am besten wenn die Sinnlosigkeit eine Sache mangelnder Disziplin ist. Der ganz normale Wunsch eines Kommandeurs, die Befehlsgewalt über seine Soldaten zu behaupten, ist für ihn Grund genug, jede Auflösung der Disziplin entschlossen zu unterdrücken und seine Soldaten auf einen hohen und konsistenten Verhaltensstandard zu verpflichten. Zumindest wäre er damit gut beraten, denn die besten Soldaten, die besten Kämpfer plündern und vergewaltigen nicht. Ähnlich töten die besten Soldaten nicht böswillig Zivilisten. Massaker wie das in My Lai entspringen häufig Furcht und Wut, also keinen Gefühlen, welche die Effizienz der »Kriegsmaschine« steigern, die Soldaten mitunter sein müssen. Wie Plündern und Vergewaltigen sind Massaker militärisch und moralisch verwerflich, sind sie doch ebenso sehr ein Akt der Zuchtlosigkeit wie des kriminellen Handelns. Daher lassen sich diese Vergehen mehr oder weniger leicht im Rahmen der Hierarchie ahnden.

Ich sagte »mehr oder weniger leicht«, denn sinnlose Vergehen finden oft im Kontext von Befehl und Gehorsam statt: Auch hier wieder ist My Lai ein gutes Beispiel. In einer solchen Situation erwarten wir von Soldaten, daß sie den Befehl – den unrechtmäßigen und unmoralischen Befehl – ihres unmittelbaren Vorgesetzten verweigern. Eine solche Weigerung stellt keine Insubordination oder Rebellion gegen die Militärhierarchie dar. Man sollte sie verstehen als Appell an eine höhere Instanz in der Befehlshierarchie, an die Vorgesetzten des betreffenden Offiziers. In Anbetracht der Struktur der Hierarchie und ihrer Zwecke ist so ein Appell immer eine problematische und schwierige Sache, die denjenigen, der sie auf sich nimmt, einiges kostet. Doch bewegt er sich noch immer innerhalb der Konventionen hierarchischer Verantwortung.

Ist das Töten von Zivilisten begründet mit einem militärischen Zweck verbunden, läßt sich auf diese Konventionen überhaupt nicht zurückgreifen. Es gibt, ob nun oben oder unten in der Hierarchie, keine effektive Verantwortung, wenn es entweder um unmittelbares und absichtsvolles Töten, wie bei Blockadekriegen oder Terrorbombardements, noch wenn es um zufälliges und unbeabsichtigtes Töten geht, etwa bei Bombardierungen militärischer Ziele, die unverhältnismäßig viele Opfer unter Zivilisten kosten. Ich will damit nicht sagen, daß niemand für das Töten verantwortlich ist, nur fehlt die Möglichkeit, innerhalb der Hierarchie jemanden dafür verantwortlich zu machen, zumindest kann man es nicht *effektiv* tun. Auch läßt sich nicht auf das Organisationsdiagramm deuten und damit erklären, wem die Verantwortung zufällt. Denn in diesen Fällen scheint die Hierarchie ganz wie beabsichtigt zu funktionieren. Hier sind Siege vorzuweisen, nehmen wir an, solche, die bemerkenswert wenige Opfer unter den kämpfenden Soldaten gekostet haben. Der befehlshabende Offizier kann nach oben und unten in der Hierarchie blicken und mit seinem Tun zufrieden sein.

Den letzten Punkt sollte ich stärker formulieren: Der Offizier kann nach oben und unten in der Hierarchie blicken und meinen, er tue genau das, was er tun sollte. Mit allen ihm zur Verfügung stehenden Mitteln kämpft er um den Sieg; genau das erwarten seine Vorgesetzten von ihm, und wir, als Angehörige des souveränen Volkes, erwarten es ebenfalls. Ohne den Sieg zu gefährden, schont er seine eigenen Soldaten so gut wie möglich, und genau das erwarten sie von ihm. Er erfüllt also durchaus die moralischen Anforderungen seiner hierarchischen Position. Wir sollten darauf hinweisen, daß Präsident Truman bei seiner Zustimmung zum Abwurf der Atombombe auf Hiroshima genau diese moralischen Anforderungen für erfüllt ansah. Er traf seine Entscheidung, so teilte er dem amerikanischen Volk in seiner Radioansprache am 9. August 1945 mit, um den Krieg zu beenden und das Leben von Amerikanern zu retten. Er nahm wohl an, daß diese beiden Zwecke seine Verantwortung erschöpften. Wenn wir in ihm den Oberbefehlshaber einer Nation und einer Armee im Krieg sehen, ist diese Annahme keineswegs unverständlich.

Meiner Meinung nach dürfen wir einräumen, daß Trumans Argument sich auf den ganzen Umfang seiner hierarchischen, aber nicht seiner moralischen Verantwortung bezieht. Er hätte weiter argumentieren können – was er aber bedeutsamerweise nicht getan hat –, daß ihm seine Verantwortung als Mensch und moralisches Subjekt für alle durch seine Entscheidung verursachten Opfer unter der Zivilbevölkerung bewußt sei. Aber, so hätte er immer noch sagen können, seine Verantwortung für das ganze amerikanische Volk und die einzelnen amerikanischen Soldaten stehe aufgrund seiner hierarchischen

Position über seiner Verantwortung für japanische Zivilisten. Und jeder Offizier weiter unten in der Hierarchie könnte dasselbe für sich in Anspruch nehmen: Sein Diensteid und seine unmittelbare Bindung an seine Soldaten bestimmten, was er zu tun habe, gleichgültig welch andere Überlegungen sonst noch eine Rolle für ihn spielten.

Wenn dieses Argument die ganze Wahrheit enthält, dann würde das Töten von Zivilisten, solange es nur irgendeinem militärischen Zweck dient, nicht mehr mit den hierarchischen Verantwortlichkeiten in Konflikt geraten als die verschiedenen hierarchischen Verantwortungen untereinander. Zivilisten würden genauso wie Soldaten erstens den militärischen Zwecken untergeordnet und zweitens der Sicherheit und dem Schutz der eigenen Soldaten (eine Einstellung, welche die gegnerische Seite teilen würde). Infolgedessen wären Zivilisten Teil der Hierarchie, bloß stünden sie ganz unten und würden innerhalb des Systems hierarchischer Verantwortung überhaupt nur bei nutzlosen oder sinnlosen Übergriffen berücksichtigt. Zivilisten so in die Hierarchie einzuordnen stellt nichts anderes als einen Akt der Geiselnahme dar. Denn die Zivilisten, mit deren Leben hier gespielt wird, sind Bürger eines anderen Landes, die in *dieser* Hierarchie gar keinen Platz haben. Der von mir betrachtete Offizier aus den mittleren Rängen steht nicht in ihren Diensten, durch kein rechtliches oder bürokratisches Verfahren wird er ihnen rechenschaftspflichtig. Ebenso wenig stehen sie in seinen Diensten, sie unterstehen weder seinem Befehl, noch seiner Fürsorge und seinem Schutz. Tatsächlich nimmt er sie nur zur Kenntnis, wenn er über den Tellerrand seiner hierarchischen Verantwortung hinausschaut. Nimmt er sie wahr, berücksichtigt er ihre Interessen und Rechte, wird er sich vermutlich von seinen hierarchischen Verantwortungen abkehren und die Sorge und den Schutz für seine eigenen Soldaten einschränken müssen, d. h. er muß seinen Soldaten um der Zivilisten willen zusätzliche Risiken aufbürden. Nun gerät er in einen wirklichen Konflikt.

Da es sich um einen wirklichen Konflikt handelt, muß er unbedingt institutionell aufgefangen werden. Ich kenne aber keine einfache oder offensichtliche Möglichkeit, die geeignete Institution näher zu bestimmen, geschweige denn sie einzurichten. Idealerweise sollte eine Armee von einer Art zivilem Überwachungskomitee beobachtet und kontrolliert werden. Doch wenn wir an den Platz denken, den solche Komitees in einigen großen amerikanischen Städten neben den Polizeiämtern einnehmen, wird uns sofort deutlich, worin das Problem in bezug auf die Armee liegt. Denn während das Überwachungskomitee Bürger als potentielle Opfer von Willkür und Nachlässigkeit durch die Polizei vertritt, sind eben dieselben Bürger letztlich auch die Arbeitgeber der Polizei. Sie wählen schließlich den Bürgermeister, der den Polizeichef ernennt usw. Sie haben einen Platz in der städtischen Befehlshierarchie, vielleicht einen zweifachen, an der Spitze und am Ende der Hierarchie. Bürger anderer Länder haben jedoch, wie ich oben sagte, überhaupt keinen Platz in der Hierarchie und keine Macht über die Politiker, die Armeegeneräle ernennen. Sie sind potentielle Opfer, nichts anderes, und es ist undenkbar, daß sie wirksam von irgendeinem zivilen Überwachungskomitee vertreten werden.

Sie könnten etwa international vertreten werden, beispielsweise durch einen Gerichtshof wie in Nürnberg nach dem Zweiten Weltkrieg. Es ist allerdings ein interessantes Merkmal der in Nürnberg und von angegliederten Gerichten gefällten Urteile, daß sie es sich nicht besonders angelegen sein ließen, die nicht-hierarchischen Verantwortlichkeiten der Soldaten durchzusetzen. Meistens bewegten sie sich am Rande des moralischen Raums, den ich mit jenem Begriff charakterisieren wollte, und verurteilten einzelne Offiziere wegen Geiselerschießungen, Tötens von hilflos im Meer treibenden Seeleuten und Kriegsgefangenen. Aber sie verurteilten niemanden wegen Blockadekriegen oder Terrorbombardements noch wegen irgendeiner anderen Form des unbekümmerten Umgangs mit dem Leben von Zivilisten. Ein Grund dafür war, daß diese Art der Kriegführung keineswegs nur von den Deutschen betrieben wurde, ein anderer, daß der rechtliche Status dieser Art der Kriegführung bestenfalls unsicher ist. Traditionell hat das Kriegsrecht die hierarchischen Verantwortlichkeiten über die nicht-hierarchischen gestellt. Jüngere Änderungen des Rechts, 1949 in Genf und dann wieder 1978, haben daran nichts einschneidend zu ändern vermocht.

Wir müssen daher zu dem Schluß kommen, daß die nicht-hierarchischen Verantwortungen der Offiziere bis auf den heutigen Tag keine befriedigende institutionelle Form gefunden haben. Und dies wird vermutlich auch so bleiben, sofern wir sie nicht systematisch in unsere Auffassung über die Anforderungen des Militärdienstes einschließen. Möglicherweise ist dies eher in einem Zeitalter zu erreichen, in dem viele Kriege politische Kriege sind, Kriege, in denen ebenso um die Loyalität der Zivilbevölkerung wie um die Kontrolle über Land und Ressourcen gekämpft wird. In einer solchen Zeit, sollte man meinen, werden die Verantwortungen nach oben und nach außen häufig zusammengehen oder sich zumindest stärker überschneiden als zu Zeiten der traditionellen Kriegführung. Verbrechen, die aus bestimmten Absichten heraus und aus mangelnder Disziplin begangen werden, könnten dann von der Hierarchie untersucht werden. Zu allen Zeiten aber, ob nun in traditionellen oder in politischen Kriegen, sollten wir von Offizieren verlangen, daß ihnen der Wert des Lebens der Zivilbevölkerung bewußt ist, und es ablehnen, Offiziere zu ehren, die es daran fehlen lassen.

»Der Soldat«, schrieb General MacArthur zur Zeit des Yamashita Prozesses, »... hat die Aufgabe, die Schwachen und Wehrlosen zu schützen. Das ist Sinn und Grund seines Seins ... [eine] heilige Pflicht.« Das scheint mir nun doch überspitzt zu sein. Der »Grund« des Soldatenhandwerks ist der Sieg, und der Grund für den Sieg ist der »Schutz« des eigenen, nicht eines anderen Volkes. Aber es gibt die anderen – die normalen Bürger feindlicher und neutraler Staaten –, und wir sind keine Herrenmenschen, die ihr eigenes Risiko vermindern können, indem sie andere töten: Ganz gewiß dürfen Soldaten es nicht. Das Leben der anderen mag für uns eine heilige Pflicht sein oder nicht, zweifellos fällt es in unsere normale Verantwortung, wenn wir es gefährden. Auch müssen wir für jene Verantwortung innerhalb der spezielleren und leichter zu institutionalisierenden »Gründe« des Krieges einen Ort finden. Da der Konflikt zwischen der Verantwortung für seine Untergebenen und Menschen außerhalb der Hierarchie unmittelbar zu den härtesten moralischen Spannungen führt, bedeutet dies vor allem, daß wir auf den Risiken zu bestehen haben, die Soldaten nun einmal akzeptieren und die ihre Offiziere verlangen müssen. Ich kann nicht hoffen, diese Risiken hier im Detail und mit der wünschenswerten Genauigkeit darlegen zu können. Deshalb ist eine gewisse Sensibilität erforderlich, die von der Befehlshierarchie für gewöhnlich nicht entwickelt oder verlangt wird. Ohne Zweifel würde das Soldatenhandwerk durch diese Sensibilität noch härter, als es ohnehin schon ist. Doch in Anbetracht der Leiden, die es häufig verursacht, kann es nicht Sache der Moralphilosophie sein, es leichter zu machen.

Die Ethik der Kriegführung II

Ethik des Notfalls

I

Das Thema meines Aufsatzes ist der »äußerste Notfall«. Der Ausdruck stammt von Winston Churchill und bezieht sich auf Großbritanniens Überlebenskampf in den dunkelsten Tagen des Zweiten Weltkriegs.[1] Der äußerste Notfall ist die Zeit heldenhafter Entscheidungen, wenn Völker und ihre Führer an den Maßnahmen gemessen werden, die sie ergreifen. Es ist aber auch eine düstere Zeit, in der wir die ergriffenen Maßnahmen, wäre es uns nur möglich gewesen, lieber vermieden hätten. Ich wünsche meinem Lande und meinen Mitbürgern, daß eine solche Zeit nie für sie anbricht. Möge dies eine theoretische Erörterung und eine lehrreiche Übung bleiben. Unsere alltäglichen moralischen Erfahrungen lassen sich an einem extremen Fall überprüfen, und wir können uns fragen, ob es nützliche Analogien zwischen historischen oder hypothetischen Extremfällen gibt und was heute als Normalität gilt. Ich möchte die Übung nicht ohne eine Warnung beginnen. So wie harte Fälle ein schlechtes Gesetz ergeben, bringen äußerste Notfälle die Moral selbst in Gefahr. Wir müssen daher sehr sorgsam vorgehen.

Vor mehr als zehn Jahren entwickelte ich ein Argument über den äußersten Notfall, das durch Churchills Darlegung zum Notstand sowie durch meine eigenen Erinnerungen an den Kampf gegen den Nationalsozialismus und meine Überlegungen dazu motiviert war.[2] Ich machte die Jahre 1940 und 1941, als ein Sieg der Nazis in Europa erschreckend nah schien, zu meinem Modellfall. Ein äußerster Notfall liegt vor, wenn unsere höchsten Werte und unser kollektives Überleben in größter Gefahr schweben, und genau das war die Situation in jenen Jahren. Können moralische Schranken in solch einer Zeit noch für uns Geltung haben? Was können und was sollten führende Politiker in Anbetracht einer so immensen Gefahr tun? Auf diese Fragen gab ich eine philosophisch provozierende und paradoxe Antwort. Ich behauptete erstens, daß die moralischen Schranken immer noch für uns gültig seien, und zweitens, daß führende Politiker tun konnten, was immer zur Abwehr der Gefahr nötig sei. Es gibt keine Augenblicke in der Menschheitsgeschichte, die nicht von moralischen Regeln beherrscht werden; die Welt der Menschen ist eine Welt der Begrenzung, und moralische Schranken lassen sich niemals aufheben – wie sich etwa die Habeas-Corpus-Akte in Bürgerkriegszeiten suspendieren läßt. Es gibt jedoch Augenblicke, in denen die Regeln übertreten werden können, ja übertreten werden müssen, gerade weil sie nicht aufgehoben worden sind. Ihr Übertreten läßt Schuldgefühle zurück, in denen sich die Anerkennung des Ungeheuerlichen unseres Tuns und die Verpflichtung ausdrückt, unser Handeln nicht leichthin zu einem Präzedenzfall werden zu lassen.

Als ich das erste Mal dieses Argument vortrug, dachte ich als Beispiel an die Entscheidung der Engländer, deutsche Städte zu bombardieren – vor allem an den Befehl, der in den früher 40er Jahren an die Bomberbesatzungen erging, auf die Stadtzentren und Wohngebiete zu zielen (also nicht auf Militärbasen, Fabriken, Werften, Magazine usw.). In jener Kriegsphase beabsichtigte die englische Führung, die Zivilbevölkerung zu töten und zu terrorisieren, eher die Moral der Deutschen anzugreifen als ihre militärische Macht. Ich möchte hier nicht die vom Bomberkommando nachdrücklich vorgebrachten technischen Argumente wiederholen, die mehr mit den Häusern der Zivilisten als mit ihrem Leben zu tun hatten – als seien das zwei getrennte Ziele –, aber diese Argumente waren nicht ganz aufrichtig.[3] Um die ganze Problematik der theoretischen Frage darzulegen, reicht es, ohne Umschweife zu sagen, daß die Absicht unrecht war und das

Bombardement verbrecherisch, denn die Opfer waren unschuldige Männer, Frauen und Kinder. Falls Soldaten oder »Munitionsarbeiter« ebenfalls getötet wurden, dann durch Zufall, was ein moralisch zu verteidigender Nebeneffekt einer gleichwohl verbrecherischen Politik ist. Wenn es aber keine andere Möglichkeit gab, einen Sieg der Nazis zu verhindern, dann war das unmoralische Verhalten – keineswegs weniger unmoralisch, denn wie sonst sollte man das bewußte Töten von Unschuldigen nennen? – zugleich auch moralisch zu rechtfertigen. Darin liegt die Provokation und das Paradox. Man kann sich leicht das Stirnrunzeln vorstellen, mit der diese Darlegung einer Ethik des Notfalls zur Kenntnis genommen wurde, insbesondere in philosophischen Kreisen, in denen das Auftreten interner Widersprüche – wie könnte es auch anders sein – sehr ernst genommen wird.[4] Ich möchte daher versuchen, meine Argumentation zu erklären.

Die Lehre vom äußersten Notfall ist eine Möglichkeit, zwischen zwei sehr unterschiedlichen und einander charakteristisch widerstreitenden Moralauffassungen zu manövrieren. Die erste spiegelt den Absolutismus einer Theorie der Rechte, der zufolge unschuldige Menschen niemals absichtlich anzugreifen sind. Die Unschuld ist ihr Schild, und wenn auch nur ein verbaler Schild, ein Schild aus Papier, kein wirklicher Schutz vor Bomben und Kugeln, so läßt sich doch nicht moralisch dagegen räsonieren. Die zweite Auffassung spiegelt die radikale Flexibilität des Utilitarismus, demzufolge Unschuld bei der Verfolgung des größten Gutes der größten Zahl nur ein gegen andere Werte abzuwägender Wert ist.[5] Ich habe den Gegensatz sehr grob formuliert, sicherlich lassen sich beide, der Utilitarismus und die Theorie der Rechte, komplexer fassen, so daß der von mir beschriebene Gegensatz weniger scharf ausfällt. Ich halte ihn aber für nie ganz überwindbar. Beide Moralauffassungen stellen Anforderungen an uns, und doch ziehen sie uns in verschiedene Richtungen. Mitunter hört man mit Bezug auf die Innenpolitik, wir sollten es den Gerichten überlassen, sich um die Rechte zu kümmern, während der Kongreß und die Präsidenten – ich nehme an, auch die normalen

Bürger, wenn sie diese wählen – sich über das größte Gut Gedanken machen sollten.[6] Leider funktioniert diese Teilung der Verantwortung nicht. Man muß sich nur die Prozesse juristischer Urteilsfindungen und die Debatten in der Legislative genauer ansehen, und schon wird man erkennen, daß beide Forderungen in beiden Bereichen wiederholt erhoben und anerkannt werden. Wie dem auch sei, die juristische Überprüfung ist, wo es um internationale Politik und vor allem um Kriegszeiten geht, notorisch leichtgewichtig, und daher heften sich die beiden Ansprüche an die politischen und militärischen Führer der Nation: Anderenfalls würden sie gar keinen Halt finden. Wie ist es nun um die relative Stärke der Ansprüche bestellt? Keiner der beiden ist stark genug, den anderen aus dem Feld zu schlagen; keiner ist so schwach, daß wir ihn völlig vernachlässigen können. Selbst auf die Gefahr hin, philosophische Verwirrung zu stiften, müssen wir einen Mittelweg finden.

Was spricht gegen uneingeschränkte Rechte? Ich muß mit dem Absolutismus beginnen, weil er gerade leugnet, daß es so etwas wie einen »Mittelweg« gibt. In der Moral gebe es nichts auszuhandeln. Unschuld sei unantastbar. Zwar könnten wir darüber debattieren – so der Absolutist –, wer die Unschuldigen sind und wie man sie soziologisch lokalisiert, doch wenn wir sie einmal aufgespürt haben, haben wir auch die endgültigen Grenzen der Kriegführung entdeckt. Die Unschuldigen zu schützen oder sie zumindest von überlegten Angriffen auszunehmen, heißt gerecht zu handeln. Und gerecht handeln müssen wir, was immer die Folgen sein mögen: *fiat justitia, ruat caelum* (Gerechtigkeit geschehe, und bricht auch der Himmel darüber zusammen). Der moralische Absolutist behauptet, wir würden die wahre Bedeutung der Gerechtigkeit nur dann anerkennen, wenn wir nicht auf die Folgen des gerechten Handelns achten – denn Gerechtigkeit sei buchstäblich unschätzbar, jenseits jeder Möglichkeit, sie zu schätzen oder zu messen. Sie kann nicht gegen etwas anderes abgewogen werden: Es gibt keinen Buchhalter, der eine solche moralische Bilanz aufstellen könnte. Religiöse Absolutisten mögen glauben, daß Gott seine eigenen Rechnungen aufmacht; sie glauben jedoch auch, daß die Menschen gebunden sind durch seine uneingeschränkten Verbote: »Du sollst nicht.«

Das Bewußtsein, daß bestimmte Dinge unbedingt zu unterlassen sind, daß es Tabus, Verbote gibt, ist sehr alt, vermutlich älter als alles andere in unserer Moralauffassung. Der Regelutilitarismus erklärt zwar einige Gründe für die moralischen Tabus, wird aber ihrem Gewicht keineswegs gerecht. Die uns von den moralischen Absolutisten aufgenötigten Verbote sind in der Tat nichts anderes als die gewöhnlichen und unentrinnbaren Regeln des moralischen Lebens. Sie stellen äußere, längst verinnerlichte Zwänge dar, so daß wir die von ihnen bezeichneten Verbrechen nicht als Taten kennen, die wir begehen möchten, aber nicht sollen, sondern eher als Taten, die wir nicht begehen möchten. Mehr noch, wir wollen sie nicht begehen – wir wollen zum Beispiel keine Mörder sein –, und dieser Wunsch wird für gewöhnlich stärker, nicht schwächer, wenn wir in Schwierigkeiten geraten und gedrängt werden, schlecht zu handeln. Empfinden wir diesen Druck, spüren wir, die meisten unter uns, auch das Bedürfnis, Widerstand zu leisten. Können wir aber unseren Widerstand aufrechterhalten, selbst wenn die Katastrophe droht, wenn der Himmel wirklich dabei ist einzustürzen? An diesem Punkt stellt der Absolutismus meiner Ansicht nach die Weigerung dar, darüber nachzudenken, was es denn heißt, daß der Himmel einstürzt. Die Geschichte des 20. Jahrhunderts macht es sehr schwer, diese Weigerung zu rechtfertigen. Wie können wir, mit unseren Prinzipien und Verboten, daneben stehen und zuschauen, wie die moralische Welt zerstört wird, in der diese Prinzipien und Verbote ihren Halt haben? Wie können wir, die Gegner des Mordes, uns nicht dem Massenmord entgegenstellen – selbst wenn der Widerstand verlangt, daß wir, wie man sagt, schmutzige Hände bekommen (d. h. selbst zu Mördern zu werden)?

Diese Fragen sind rhetorisch, und ich räume sofort ein, daß sie nicht immer die Antwort hervorlocken, die sie herauszufordern scheinen. Der Absolutismus verweigert seiner Definition nach eine Antwort, selbst jemand, der im Prinzip bereit ist, sich von einer absolutistischen Position zu entfernen, könnte mit Skepsis reagieren. Er oder sie wird uns daran erinnern, wie schnell manche Leute sagen, daß der Himmel einstürze. Schon bei den ersten dunklen Wolken rufen sie »äußerster Notfall« und fordern eine Ausnahme von den moralischen Regeln. Wir sollten solche Ausnahmen immer nur mit größter Vorsicht erlauben, denn jede Ausnahme ist auch ein Zugeständnis an jene, die meinen, Gerechtigkeit habe nun einmal einen Preis, der manchmal zu hoch ist und den wir nicht immer zahlen müssen. Und damit ist der Weg frei für die utilitaristische Rechnung.

Was ist denn falsch am Utilitarismus? Jeremy Bentham entwarf seine Lehre für Politiker, und sein Entwurf scheint sehr erfolgreich gewesen zu sein. Ist die Kosten-Nutzen-Analyse nicht zur Standardform moralischer Überlegung im Bereich des öffentlichen Lebens geworden? Gehört sie nicht zum harten Kern der meisten Universitätsseminare, zur Entscheidungstheorie, zu sozialpolitischen Maßnahmen und, so nehme ich an, zur militärischen Strategie? Wir schätzen und achten moralische Tabus, weisen sie aber weitgehend der Privatsphäre zu. Von unseren Politikern erwarten wir, daß sie zweckorientiert sind, und beurteilen sie eher nach den von ihnen erreichten Zwecken als nach den Regeln, die sie hochhalten. »Wo die Tat anschuldigt, entschuldigt das Ergebnis« (Machiavelli). Wie könnten wir und warum sollten wir die von dieser Maxime verlangte Berechnung unterlassen wollen?

Der Haken liegt darin, daß Zahlen zu leicht frisierbar sind. Der Utilitarismus, der doch die präziseste und praktischste Moraltheorie sein will, stellt sich als die spekulativste und willkürlichste heraus. Denn wir müssen dort einen Wert zuweisen, wo es keine allgemein akzeptierte Bewertung, keine anerkannte Wertehierarchie, keinen Marktmechanismus gibt, der den positiven bzw. negativen Wert verschiedener Handlungen und Ergebnisse bestimmt. Angenommen, wir sind uns einig, daß Gerechtigkeit nicht unschätzbar ist, daß sie sich nicht jeder Messung entzieht. Müssen wir dann nicht einen Weg finden, um beispielsweise die Kosten für Mord zu messen und festzulegen? Wie stellen wir das an? Betragen die Kosten acht, dreiundzwanzig oder siebenundsiebzig? Acht, dreiundzwanzig oder siebenundsiebzig von was? Wir verfügen hier nicht über eine Maßeinheit. Wir besitzen keinen allgemeinen oder einheitlichen Maßstab. Das liegt, wie ich meine, nicht daran, daß jede Bewertung keine allgemein akzeptierten Maßstäbe verwendet. Zu bestimmten Zwecken – das klassische Beispiel ist die Versicherung – können wir den Wert des menschlichen Lebens durchaus in Geld ausdrücken, allerdings gilt das nicht für das Nehmen eines Lebens, der Lohn für einen gedungenen Mörder ist nicht auf moralisch anerkannte Weise bezifferbar. Wie dem auch sei, der Marktpreis für Lebensversicherungen steht und fällt aus moralisch irrelevanten Gründen. In der Politik und im Krieg waren Kosten-Nutzen-Analysen immer höchst partikularistisch und äußerst großzügig hinsichtlich der einzelnen Posten. Gewöhnlich berechnen wir *unseren* Nutzen, den wir recht hoch ansetzen, und *ihre* Kosten, die wir kaum zu Buche schlagen lassen oder ganz vernachlässigen. Könnten wir da erwarten, daß die Gegenseite mit unserer Berechnung übereinstimmt?

Die Pronomen der ersten und dritten Person Plural haben angeblich keinen Einfluß auf die utilitaristische Berechnung. Jeder einzelne wird in gleicher Weise bewertet, jeder Nutzen gemessen, als gebe es einen gemeinsamen Maßstab. In der Praxis gilt das jedoch nur für Männer und Frauen, deren Solidarität alle Interessenkonflikte ausgleicht, die es zwischen ihnen geben mag. Bricht die Solidarität in Situationen reiner oder beinahe reiner Feindschaft zusammen – etwa im Krieg –, so ist die utilitaristische Rechnung eine Null-Summe, und »wir« weisen »ihrem« Nutzen in der Regel nur negative Werte zu. Die negative Bewertung wird am deutlichsten in bezug auf die gegnerischen Soldaten, sofern sie aktiv an den Kampfhandlungen teilnehmen, aber vermutlich wird sie auf die gesamte Bevölkerung ausgedehnt werden (es sei denn, absolutistische Verbote gebieten hier Einhalt), zunächst auf Soldaten, die nicht direkt an den Kämpfen beteiligt sind, dann auf Zivilisten, die in kriegsrelevanten Betrieben arbeiten, ferner auf Zivilisten, welche die Kriegsanstrengungen indirekt unterstützen, bis hin zu jedem, der die Unterstützer, die Arbeiter und die Soldaten unterstützt. Schließlich hat kein »feindliches« Leben mehr einen positiven Wert. Wir können jetzt jeden angreifen, selbst der Tod von Kindern löst bei den Erwachsenen Schmerz und Trauer aus und untergräbt so die gegnerische Entschlossenheit. Natürlich können wir immer die Zahlen manipulieren und vor dieser entsetzlichen Schlußfolgerung haltmachen. Es ist aber unser Sinn für moralische Tabus, der uns anhalten läßt, und nur wenn wir über die Bedeutung der Unschuld und die Rechte der Unschuldigen nachdenken, können wir entscheiden, wo wir tatsächlich aufhören müssen.

Die Schwachstellen des Utilitarismus führen uns zurück zur Theorie der Rechte, und es sind die Rechte, von denen die alltäglichen Grenzen der Kriegführung – und aller gegnerischen Unternehmungen – festgelegt werden. Die Grenzen scheinen jedoch von einigen festgelegten Minimalwerten abzuhängen, so wie der Utilitarismus auf eine Minimalsolidarität unter den Individuen angewiesen ist. Wenn unsere höchsten Werte äußerst gefährdet sind, weichen die Grenzen auf und eine bestimmte Art des Utilitarismus drängt sich von selbst auf. Ich werde das den Utilitarismus des Ausnahmezustands nennen und ihm den Normalzustand der Rechte entgegensetzen. Gemeinsam scheinen mir die beiden die Überzeugungskraft der beiden entgegengesetzten Moralauffassungen auszuschöpfen und ihnen den richtigen Platz anzuweisen. Die beiden Auffassungen miteinander zu versöhnen ist unmöglich. Der Gegensatz bleibt; er ist ein Merkmal unserer moralischen Realität. Es gibt Grenzen der Kriegführung, und es gibt Augenblicke, in denen wir die Grenzen überschreiten können und vermutlich auch sollten – die Grenzen selbst werden jedoch niemals verschwinden. Der »äußerste Notfall« bezeichnet solche seltenen Augenblicke, in denen der negative Wert, den wir der drohenden Katastrophe zuweisen – und den wir gar nicht anders als zuweisen können –, die Moral selbst abwertet und uns die Freiheit verleiht, alles militärisch Notwendige zu tun, um die Katastrophe abzuwenden. Vorausgesetzt natürlich, daß wir damit keine noch größere Katastrophe verursachen. Wo es um solche Berechnungen geht, ist Genauigkeit nicht gefragt. Wie die Geschworenen bei einem Kapitalverbrecher nicht nach einer 51prozentigen Schuldwahrscheinlichkeit suchen, sondern nach einer überwältigenden Gewißheit, kann auch uns der äußerste Notfall nur mit überwältigender Deutlichkeit heimsuchen. Und natürlich müssen wir stets ein gesundes Mißtrauen den führenden Politikern gegenüber hegen, die sozusagen allzu leicht überwältigt sind, so wie Geschworene gegenüber jenen Mitgeschworenen skeptisch sein müssen, die sich allzu schnell über einen »vernünftigen Zweifel« erheben.

II

Aber wie können wir angemessen skeptisch sein, solange wir nicht genau verstehen, was ein äußerster Notfall ist und wie er sich von den Notfällen des Militäralltags unterscheidet? Dieser Frage möchte ich mich indirekt annähern, indem ich eine andere stelle. Wenn es uns erlaubt ist, unmoralisch zu reagieren, falls eine Katastrophe droht, warum ist es einem einzelnen Soldaten dann nicht auch erlaubt, falls ihm ein Unglück droht. Vom Standpunkt des kämpfenden Soldaten ist der Krieg eine rasche Aufeinanderfolge äußerster Notfälle: Er schwebt stets in Lebensgefahr. Dennoch zögern wir, einzelnen Soldaten zu gestatten, durch das Töten unschuldiger und wehrloser Menschen ihr eigenes Leben zu retten. Betrachten wir das Standardbeispiel von Soldaten, die hinter den Linien des Feindes Gefangene gemacht haben. Alle Argumente zu wiederholen, die in diesem oft erörterten und keineswegs hypothetischen Fall vorgebracht wurden, ist hier nicht der richtige Ort. Es gibt eine ganze Bandbreite von Schlußfolgerungen und beträchtliche Uneinigkeit unter den Kommentatoren, doch nahezu niemand würde sagen, die Soldaten dürften ihre Gefangenen töten, einfach um die Gefahr für sich selbst zu verringern.[7] Mag sein, daß sie sie töten dürfen, falls es für den Erfolg ihres Auftrags unbedingt nötig erscheint. Haben sie ihren Auftrag aber erfolgreich erfüllt, wird allgemein erwartet, daß sie für die Gefangenen Sorge tragen und dabei ein gewisses Risiko für sich selbst eingehen, auch wenn es beträchtlich ist. Und dennoch steht dabei alles auf dem Spiel, was sie haben: ihr Leben. Der äußerste Notfall ist, soweit Individuen betroffen sind, keine radikale Ausnahme vom Normalzustand der Rechte. Im Krieg wie in der eigenen Gesellschaft gibt es selbst in Extremsituationen Grenzen der Selbstverteidigung. Ein moralischer Mensch wird Gefahren auf sich, ja selbst den Tod in Kauf nehmen, bevor er einen Unschuldigen tötet. Ein moralischer Präsident, Premierminister oder militärischer Befehlshaber wird nicht die Gefahr oder die Tatsache des kollektiven Todes akzeptieren. Warum nicht?

Die unmittelbare Antwort auf diese Frage hat mit der Theorie der Stellvertretung zu tun. Ich kann zwar moralisch und psychologisch Risiken auf mich nehmen, aber ich kann, weder moralisch noch psychologisch, diese anderen zumuten. Als politischer Amtsinhaber kann ich anderen Gefahren zumuten, obwohl mein Recht dazu begrenzt ist (Recht wie Grenzen liegen im Wesen der verfassungsmäßigen Ordnung). Soldaten werden zum Beispiel rekrutiert und von der Regierung im Namen der politischen Gemeinschaft für gefährliche Missionen ausgebildet. Keine Regierung aber darf das Bestehen der Gemeinschaft selbst und das Leben aller ihrer Angehörigen aufs Spiel setzen, solange jedenfalls nicht, wie sie noch genügend Handlungsspielraum hat, um diese Gefahr zu vermeiden oder zu verringern, auch wenn sie dafür etwas Unmoralisches tun muß. Regierungen werden schließlich gewählt, damit sie Gefahren für das Gemeinwesen abwenden oder verringern. Dazu sind unsere Staatsmänner da, das ist ihre vornehmste Aufgabe. Dieses Argument steht allerdings vor einer großen Schwierigkeit. Wenn Individuen kein Recht haben, ihr eigenes Leben zu retten, indem sie einen Unschuldigen töten, wie können sie dann eine Regierung beauftragen, eben das in ihrem Namen zu tun. Sie können nicht Rechte übertragen, die sie selbst gar nicht besitzen, folglich kann ihre politische Führung nicht mehr für sie tun, als sie es selbst könnten. Staatsoberhäupter dürfen Gefahren nur innerhalb der vom Normalzustand der Rechte abgesteckten Grenzen verringern oder vermeiden.

Mit dem Stellverteter-Argument allein kommen wir nicht sehr

weit, es sei denn, wir verbinden es mit einem Argument über den Wert des Gemeinwesens.[8] Repräsentiert werden nicht nur Individuen, sondern auch Kollektive – religiöse, politische oder kulturelle –, die von Individuen gebildet werden und von denen diese einen Teil ihres Charakters, ihrer Verhaltensformen und Überzeugungen beziehen. Ich möchte damit nicht sagen, daß das Ganze größer als die Summe seiner Teile ist, denn ich weiß nicht, wie ich die Teile summieren oder welchen Wert ich dem Ganzen geben sollte. Anscheinend läßt sich immer eine Anzahl von Leuten finden, die dem Ganzen einen größeren Wert als ihrem eigenen Teil zumessen; sie sind daher bereit, ihr Leben für ihr Land zu opfern. Daraus folgt nun nicht, daß sie (oder ihre für sie handelnde politische Führung) berechtigt ist, das Leben anderer Menschen, die nicht einmal im selben Land leben, zu gefährden. Eine solche Berechtigung ist unmöglich. Die anderen aufgezwungenen Gefahren sind auf verbrecherische Weise auferlegt. Wie kann das Gemeinwesen verbrecherisches Tun erlauben oder verlangen?

Edmund Burkes Beschreibung des politischen Gemeinwesens als einem Vertrag zwischen »den Lebenden, den Toten und den Nachgeborenen« hilft uns zu erkennen, worum es hier geht.[9] Die Metapher ist meiner Ansicht nach unpassend, läßt sich doch keine Gelegenheit vorstellen, zu der ein solcher Vertrag hätte geschlossen werden können. Gleichwohl ist hier eine wichtige Wahrheit ausgesprochen: Es liegt uns daran, eine uns von unseren Vorfahren überlieferte Lebensform weiterzuführen und auch zu verbessern, und wir hoffen unsererseits Nachfahren zu haben, die an unserer Lebensform festhalten und sie vervollkommnen. Daß wir auf den Generationszusammenhang vertrauen, ist ein mächtiges Merkmal des menschlichen Lebens, und dieses Vertrauen ist im Gemeinwesen verkörpert. Ist unser Gemeinwesen bedroht, nicht nur in seiner gegenwärtigen territorialen Ausdehnung, seiner politischen Verfassung, in seinem Ansehen oder seiner Ehre, sondern in dem, was wir seinen *Fortbestand* nennen können, dann droht uns, sieht man einmal vom Auslöschen der Menschheit selbst ab, ein Verlust, der größer als jeder andere vorstellbare Verlust ist. Wir sehen dann nicht nur der moralischen und physischen Zerstörung entgegen, sondern auch dem Ende einer Lebensform und der Vernichtung einer bestimmten Gruppe von Menschen, von Leuten wie uns. Und das mag uns zwingen, jene moralischen Schranken zu durchbrechen, die Leute wie wir normalerweise beachten und respektieren.

Verlangen wir im Gegensatz dazu von einem einzelnen Soldaten, daß er die Schranken nicht auf dieselbe Weise verletzt, dann fordern wir ihn damit auf, sein Leben aufs Spiel zu setzen, ja selbst innerhalb der moralischen Grenzen zu sterben, damit seine Kinder und Enkel hoffen dürfen, innerhalb ihrer zu leben. Im Angesicht des Todes mag es für den Soldaten nur ein schwacher Trost sein, daß Leute wie er überleben und fortfahren werden, an den von ihm geschätzten Grundsätzen und Verhaltensformen festzuhalten (einschließlich der normalen Verteidigung der Rechte, denn würde er das nicht schätzen, gäbe es hier nichts zu debattieren). Das Wissen ist aber vielleicht Trost genug, um jede Forderung auszuschließen, man möge ihn von den moralischen Verboten entbinden. Nimmt man das Wissen weg, beginnt die Forderung verständlich zu werden, und erst dann betreten wir die schreckliche Welt des äußersten Notfalls.

Wäre die politische Gemeinschaft nichts anderes als ein neutrales System, innerhalb dessen Individuen ihre je eigene Idee vom guten Leben verfolgen, wie einige liberale politische Philosophen meinen, hätte die Lehre vom äußersten Notfall keinen Ansatzpunkt.[10] Natürlich schadete es den Individuen, wenn sie den Schutz des Systems verlören, und möglicherweise ließen sie sich davon überzeugen, daß sie ein bestimmtes Risiko für Leib und Leben eingehen, um diesen Verlust abzuwenden – obwohl es eine schwierige, zuerst von Thomas Hobbes, dem frühesten Theoretiker des neutralen Systems, aufgeworfene Frage ist, warum irgend jemand für das »Gemeinwesen« sterben sollte, für dessen substantiellen Sinn allein er sorgen kann, und das nur solange er lebt.[11] Jedenfalls kann ein solches Individuum, dem diese Art von Verlust droht, schwerlich andere Männer und Frauen (und Kinder) in die Kriegszone hineinziehen, wird er doch wahrscheinlich selbst, sobald er kann, aus dieser flüchten. Nur eine politische Führung, dessen Volk bereits alles aufs Spiel gesetzt hat und die weiß, welch große Gefahr droht, darf die Lizenz des äußersten Notfalls für sich beanspruchen.

Die Tatsache, daß eine »kommunitaristische« Politiktheorie die Bedeutung des äußersten Notfalls aufhellt, könnte sehr wohl als Argument gegen den Kommunitarismus verwendet werden. Denn schrieben wir der Gemeinschaft – wie immer wir sie auffassen, ob als Volk, Nation, Land, Religion oder gemeinsame Kultur – nicht einen so großen Wert zu, würden wir vermutlich weniger Kriege ausfechten und vor weniger Notfällen stehen. Weniger Notfälle, und kein äußerster darunter, denn in einer internationalen Gesellschaft, gebildet aus Ländern, die nichts weiter als neutrale Rahmenbedingungen stellen, oder in einer internationalen Gesellschaft, die selbst ein großer neutraler Rahmen ist, mögen Individuen, die ihre privaten Vorhaben verfolgen, viele Anlässe für Streitigkeiten, selbst für Kämpfe, aber wenige für Kriege sehen – sie hätten allen Grund, die Art von Gefahren zu meiden, die ein Krieg nun einmal mit sich bringt. Das ist letztlich nur eine Umschreibung dafür, daß das Leben sicherer wäre, wenn Emotionen aus dem Spiel blieben. Zweifellos ist die Aussage wahr, nur ist sie nicht sehr hilfreich.

Der äußerste Notfall ist eine kommunitaristische Doktrin. Das zu sagen, heißt allerdings nicht, die moralische Bedeutung des Individuums herabzusetzen. Gemeinwesen brauchen moralisch standhafte Bürger, Soldaten, Politiker und Militärs, doch lassen sie sich nicht immer finden. *Moralisch* standhaft bedeutet hier wirklich standhaft, denn was die Gemeinschaft von einzelnen Bürgern und Soldaten fordert, ist nichts anderes, als ihr Leben aufs Spiel zu setzen, zunächst für ihre Mitbürger und dann auch für die unschuldigen Bewohner anderer Länder. Von ihrer Führung aber erwartet sie, daß diese solche Gefahren auf sich zu nehmen fordert und manchmal, in seltenen und entsetzlichen Augenblicken, die Schuld für das Töten Unschuldiger auf sich nimmt. Man mag bezweifeln, daß für diesen letzten Fall tatsächlich moralische Stärke nötig ist. Schließlich scheinen viele, wenn nicht die meisten Staatsmänner, die in den Geschichtsbüchern oder unseren eigenen Erinnerungen der Geschichte des 20. Jahrhunderts figurieren, keine Probleme mit dem Töten Unschuldiger gehabt zu haben. Sie hatten kein Bewußtsein der damit verbundenen Schuld, sie waren einfach Verbrecher. Ein moralisch standhafter Staatsmann ist jemand, der weiß, warum es falsch ist, Unschuldige zu töten, und der sich dem ein ums andere Mal verweigert, bis der Himmel einzustürzen droht. Dann wird er – wie Camus' »gerechter Attentäter«[12] – zu einem moralischen Verbrecher, der weiß, das er nicht tun darf, was er tun muß: Und am Ende tut er es doch.

III

Noch einmal Provokation und Paradox. Und dennoch ist dies kein ausgefallenes Argument, ich habe es mir nicht ausgedacht. Es entspricht dem im Laufe der Zeit entstandenen Berufsethos des Soldaten und auch dem der Polizei, des Feuerwehrmanns und des Seemanns in der Handelsmarine, sie alle sind aufgerufen, ihr Leben für den Schutz der Unschuldigen zu wagen. Und es entspricht auch der Lehre von den schmutzigen Händen, der zufolge die politische und militärische Führung sich manchmal in Situationen befindet, in denen unmoralisches Handeln unvermeidlich ist, auch wenn es bedeutet, die Unschuldigen zu töten.[13] Wenn wir mit dem äußersten Notfall argumentieren, sollte es dazu führen, das Berufsethos zu stärken und darzulegen, wann es erlaubt – oder notwendig – ist, unsere Hände schmutzig zu machen. Das Argument hebt wesentlich das Verbot hervor, wie es in extremen Fällen auch sein sollte, denn schmutzige Hände sind nicht erlaubt – oder notwendig –, wenn weniger als der Fortbestand der Gemeinschaft auf dem Spiel steht oder die uns bedrohende Gefahr geringer ist als der Tod des Kollektivs. In den meisten Kriegen stellt sich die Frage erst gar nicht; es herrscht kein äußerster Notfall. Die normale Verteidigung der Rechte behauptet dann unangefochten das Feld, selbst in Augenblicken der Niederlage. Dreht der Krieg sich um den Gewinn eines Stück Landes, dann ist es nicht unsere Sache, den Wert des Territoriums mit dem Tod Unschuldiger zu verrechnen. Ziehen wir eine Strategie in Erwägung, die bewußten Mord beinhaltet – die Frage über den Nebeneffekt legitimer militärischer Aktionen lasse ich beiseite –, dann hat das Territorium für wertlos zu gelten, und Unschuld ist, wie die normale Verteidigung der Rechte behauptet, jenseits jeden Preises.

Selbst in Kriegen mit einem sehr hohen Einsatz muß dieser nicht in jedem Augenblick des Kriegsverlaufs so hoch sein, daß das Argument des äußersten Notfalls in Anwendung käme. Jeder Augenblick ist ein Augenblick für sich; wir müssen immer wieder zu einem Urteil kommen, keines gilt für den ganzen Krieg. Meine Behauptung, daß die britische Bombardierung deutscher Städte in den Jahren 1940 und 1941 gerechtfertigt gewesen sein mag, erstreckt sich nicht darüber hinaus. Der Großteil der erfolgten Bombardements ist sicherlich nicht zu verteidigen, denn er ereignete sich, nachdem sich Deutschlands Niederlage klar abzeichnete. Der Sieg des Nazismus war keine drohende Gefahr mehr. Auch geschah das fortgesetzte Bombardement nicht in der Absicht – wie es hätte sein können –, die Nazis von ihrem Krieg gegen die Juden abzuhalten oder diesen niederzuschlagen. Der Holocaust hätte einen neuen äußersten Notfall bilden können, aber er kam in den Köpfen der für die Bombenpolitik verantwortlichen Männer nicht vor. Was sie taten, taten sie nicht um der europäischen Juden willen.

Das Übel des Nazismus weist darauf hin, daß im äußersten Notfall nicht nur etwas erlaubt, sondern auch geboten sein kann. Es handelt sich um eine selbst in der langen Geschichte menschlicher Gewalt unerhörte Form des Übels, die uns über den Normalzustand der Rechte hinausstößt. Der eher üblichen Formen militärischer Niederlagen, politische Unterjochung, das Einsetzen und Schaffen von Marionettenregierungen und Satellitenstaaten: Das alles kann nicht als ein vergleichbarer »Stoß« gelten. Denn in diesen Fällen erwarten wir, daß die besiegte Nation physisch und moralisch überlebt; wir sehen sogar ihrem wiederauflebenden Widerstand entgegen. Gewöhnliche

Eroberer wie Alexander oder Napoleon hinterlassen mehr oder weniger intakte politische und religiöse Gemeinschaften. Die Nazis hatten zumindest in Mittel- und Osteuropa nichts dergleichen vor; und selbst im Westen hätte ein langfristiger Sieg der Nazis einen Wertverlust mit sich gebracht, der größer gewesen wäre als alles, was Männer und Frauen moralisch verpflichtet sind zu ertragen. Nur eine solche Aussicht fordert eine unmoralische Antwort heraus, und dann auch nur insofern als uns nichts anderes übrig bleibt: Wir tun, was wir tun müssen, nachdem jede andere legitime Alternative ausgeschöpft ist. Wenn wir mit Hilfe eines solchen Beispiels deutlich erkennen, wann die normale Verteidigung der Rechte ihre bindende Kraft verliert, dann erkennen wir auch deutlich, warum das nur unter ganz bestimmten Umständen geschehen darf. Sie außer Kraft zu setzen stellt nämlich auch einen Wertverlust dar, ein Tun, von dem wir gerade annehmen, daß die andere Seite ihm zuneigt, und das wir zu vermeiden hoffen. In äußersten Notfällen machen wir nach, was unsere schlimmsten Gegner uns vorgemacht haben – so wie die Bombardierung deutscher Städte das Bombardement von Coventry und den deutschen Blitzkrieg auf London nachmachte –, aber das ist etwas, mit dem wir uns nie aussöhnen sollten.

Aus diesem Argument folgt, daß der äußerste Notfall eine Lage ist, aus der wir zu entkommen suchen müssen. Meistens werden wir entkommen wollen, denn wir fürchten die drohenden Gefahren und verabscheuen die moralischen Handlungen, zu denen wir getrieben werden. Doch so wie der »Ausnahmezustand« einer Regierung politisch gelegen kommen mag, weil sie außerhalb des Rechts zu agieren wünscht, so mag ein Ausnahmezustand einer Führung moralisch entgegenkommen, die gern Verbote und Tabus abstreifen möchte. Natürlich ist es nicht immer der Fall, daß Notfälle in ihrem Wesen zeitweilig sind; große Gefahren können eine lange Zeit über bestehen. Aber wir sind moralisch verpflichtet, gegen ihren Fortbestand anzugehen, nach einem Ausweg zu suchen, wollen wir nicht in den Geruch kommen, daß wir unsere schmutzigen Hände keineswegs mit Abscheu betrachten. Das naheliegende Beispiel ist hier der Kalte

Krieg mit seinem »Gleichgewicht des Schreckens«, das durch die Abschreckungspolitik der Vereinigten Staaten und der Sowjetunion geschaffen wurde. In meinem Buch *Gibt es gerechte Kriege?* habe ich die These vertreten, daß die atomare Abschreckung für gewöhnlich, und zwar zu Recht, eng mit Verweis auf das Argument gerechtfertigt wurde, hier läge eine Situation des äußersten Notfalls vor. Gäbe es kein Gleichgewicht des Schreckens – so argumentierten beide Seiten –, wären Land und Kultur, Volk und Lebensform gleichermaßen gefährdet. Und daher sei es uns erlaubt, mit demselben Terror zu drohen, den wir fürchteten: die Zerstörung unserer Städte, das Töten einer riesigen Zahl unschuldiger Männer, Frauen und Kinder. Die Drohung war unmoralisch, denn es ist falsch, etwas moralisch Verwerfliches anzudrohen, und wiewohl die Drohung weniger verwerflich ist als die Tat, darf sie kaum auf die leichte Schulter genommen werden, zumal wenn massive Vorbereitungen sie glaubhaft machen.

Wir billigten die Gefahr eines Atomkrieges, um das Risiko nicht bloß einer gewöhnlichen, sondern einer totalitären Unterwerfung zu vermeiden. Löst sich diese zweite Gefahr auf – wie es der Fall war –, sind wir genötigt, nach Alternativen zu einer Abschreckung im Stile des Kalten Krieges zu suchen. Jedenfalls sind wir verpflichtet, uns nach Wegen zur Reduzierung des Risikos umzuschauen – beispielsweise durch Entspannung, die Unterzeichnung von Verträgen über Waffenkontrollen und Abrüstung oder durch das Ergreifen einseitiger Initiativen, welche die Ängste und das Mißtrauen der anderen Seite ernst nehmen. Keineswegs dürfen wir den Notfall zur Routine verkommen lassen, und deshalb müssen wir uns ständig daran erinnern, daß die Drohungen, unter denen wir andere zu leben zwingen und unter denen wir selbst leben, unmoralisch sind. Im Laufe der Jahre gewöhnten wir uns daran, stumpften ab, verhärteten uns gegen die Verbrechen, die auszuführen wir uns verpflichteten. Aber es ist nicht unvereinbar mit der Verpflichtung, konkret über jene Verbrechen und unsere widerwillige kriminelle Handlungsweise nachzudenken – denn widerwillig wird sie erst, wenn wir darüber nachdenken. Das ist das wesentliche Charakteristikum der Ethik des Notfalls: Daß wir das Übel, dem wir uns widersetzen, und das Übel, das wir tun, anerkennen und uns, soweit wie möglich, beiden widersetzen.

IV

Am Schluß komme ich noch einmal auf die kommunitaristische Begründung einer Ethik des Notfalls zurück. Der stärkste Einwand gegen den äußersten Notfall besagt, daß wir so einen Fetisch aus dem politischen Gemeinwesen machen. Und nicht, muß man betonen, aus dem Staat: Der Staat ist bloß ein Werkzeug des Gemeinwesens, eine bestimmte Organisationsstruktur für das kollektive Handeln, die immer durch eine andere ersetzt werden kann. Das politische Gemeinwesen (auch das religiöse) ist nicht ähnlich ersetzbar. Es wird von Männern, Frauen und Kindern gebildet, die auf eine bestimmte Weise leben, seine Ersetzung liefe entweder auf die Auslöschung des Volkes oder die erzwungene Veränderung seiner Lebensform hinaus. Keine dieser Handlungen ist moralisch zu billigen. Der Grund dafür hat allerdings nichts mit Fetischismus zu tun. Das politische Gemeinwesen ist nichts Magisches, nichts Geheimnisvolles und nicht notwendig »ein Gegenstand irrationaler Verehrung« – so die Wörterbuchdefinition von Fetisch. Es ist ein Merkmal unserer lebendigen Realität, eine Quelle unserer Identität und unseres Selbstbildes. Natürlich können wir einen Fetisch daraus machen, wie uns unzählige Nationalisten und Gemeinschaftsverherrlicher vorgemacht haben, d. h. uns in einer kollektiven Version der Selbstverehrung suhlen, was vermutlich ähnliche moralische Folgen zeitigt wie die individuellen Spielarten. Egoisten und Gemeinschaftsverherrlicher, die nur die eigenen Rechte, aber nicht die anderer anerkennen, handeln beim kleinsten Vorwand, ja schon beim ersten Anzeichen einer Gefahr für sich selbst verwerflich. Eine Gemeinschaft, die sich nicht zum Fetisch macht, hält dagegen die Disziplin ihrer Soldaten aufrecht und die Zügel für ihre Führung fest in der Hand, so daß diese erst fünf vor zwölf, und wenn es absolut notwendig ist, verwerflich handeln.

Hier nun die letzte Provokation, das letzte Paradox: Moralische Gemeinschaften machen große Unmoral moralisch möglich. Doch tun sie dies nur in Anbetracht einer weitaus größeren Unmoral, wie in dem Beispiel des nazi-ähnlichen Angriffs auf das Bestehen einer bestimmten Gemeinschaft, und auch dann nur, wenn dieser Angriff kurz vor dem Erfolg steht und nur insofern als die unmoralische Reaktion die einzige Möglichkeit ist, diesen Erfolg zu verhindern. Eine moralische Gemeinschaft erkennen wir an ihrem Respekt vor dem wiederholten Wörtchen »nur«. Der äußerste Notfall ist tatsächlich keine laxe Theorie. Zwar läßt sie sich vor einen ideologischen und apologetischen Karren spannen, aber das gilt schließlich für jedes moralische Argument, auch für das der individuellen Rechte. Richtig verstanden stärkt der äußerste Notfall den Normalzustand der Rechte, indem er gerade für den weitaus größten Teil der moralischen Welt ihre Unantastbarkeit garantiert. Das ist seine Botschaft an Leute wie uns: daß (nahezu) das Ganze unserer Pflicht darin besteht, die Rechte der Unschuldigen zu verteidigen.

Anmerkungen

1 Winston Churchill, *The Gathering Storm*, New York 1961, S. 488. [Dt.: *Der Zweite Weltkrieg. Memoiren*, 1. Bd. »Der Sturm zieht auf«, Frankfurt a. Main 1985.]

2 Michael Walzer, *Just and Unjust Wars*, New York 1977, Kap. 16. [Dt.: *Gibt es den gerechten Krieg?*, Stuttgart 1982.]

3 Churchill selbst machte keinen Hehl daraus; siehe *The Hinge of Fate*, New York 1962, S. 770: Das Ziel der Bombardierung war es, »Bedingungen zu schaffen, die für die Masse der deutschen Bevölkerung unerträglich sind«. So heißt es in einem im Juli 1942 geschriebenen Memorandum. [Dt.: *Der Zweite Weltkrieg. Memoiren*, 4. Bd. »Schicksalswende«, Frankfurt a. Main 1985.]

4 Ein Versuch, den Widersprüchen zu entkommen (durch Beispiele aus der Binnengesellschaft statt aus dem Krieg), findet sich bei Alan Donagan, *The Theory of Morality*, Chicago 1977, S. 184–189.

5 Diese beiden Position werden in nahezu klassischer Form von Thomas Nagel, »War and Massacre«, und R. B. Brandt, »Utilitarianism and the Rules of War«, formuliert. Beide Aufsätze sind erschienen in: *Philosophy and Public Affairs* 1, Nr. 2 (1972), S. 123–165.

6 Siehe zum Beispiel Ronald Dworkin, *Taking Rights Seriously*, Cambridge 1977. [Dt.: *Bürgerrechte ernstgenommen*, Frankfurt 1984.]

7 Siehe aber dazu: Telford Taylor, *Nuremberg and Vietnam: An American Tragedy*, Chicago 1970, S. 36.

8 In einer kritischen Besprechung von *Just and Unjust Wars* schreibt Kenneth Brown, »Walzer setzt das ganze Buch hindurch die höchsten menschlichen Bestrebungen mit dem Supremat des Nationalstaates gleich« (Brown, »›Supreme Emergency‹: A Critique of Michael Walzer's Moral Justification for Allied Obliteration Bombing in World War II«, *Journal for World Peace* 1, Nr. 1 [1984]). Keineswegs, ich argumentiere nicht für ein »Supremat« des Nationalstaates, sondern lediglich für seine Existenz, und auch das nur insofern als er den gemeinschaftlichen, in diesem Aufsatz beschriebenen Zwecken dient.

9 Edmund Burke, *Reflections on the Revolution in France*, London 1910, S. 93.

10 Zum neutralen Staat vgl. Ronald Dworkin, »Liberalism«, in: *Public and Private Morality*, hrsg. von Stuart Hampshire, Cambridge 1978.

11 Siehe Hobbes' Erörterung des Kriegsdienstes im *Leviathan*, Teil 2, Kap. 21 und meinen Kommentar dazu, »The Obligation to Die for the State«, in: *Obligations*, Cambridge, Mass. 1970.

12 Albert Camus, *Die Gerechten*, in: Dramen, Reinbek 1989.

13 Vgl. meinen Aufsatz »Political Action: The Problem of Dirty Hands«, in: *Philosophy and Public Affairs 2*, Nr. 2 (1973), S. 160–180.

Die Politik der Rettung

Zur Problematik humanitär begründeter militärischer Intervention

I

Intervenieren oder nicht? Diese Frage sollte uns immer Kopfzerbrechen bereiten. Ob es sich nun um einen grausamen Bürgerkrieg, eine politisch verursachte Hungersnot oder um das Massaker an einer lokalen Minderheit handelt, der Gedanke, Gewalt in anderer Völker Länder anzuwenden, sollte stets Zögern und Befürchtungen wecken. So ist es heute auch bei kleinen Gruppen besorgter Leute, von denen einige am Ende einer Interventionspolitik zustimmen, andere sie ablehnen. Viele Regierungen und noch mehr Politiker scheinen die Frage zunehmend für unproblematisch zu halten: Ihre Antwort heißt *nein.* Häufig werden verhältnismäßig kleine Truppenkontingente zu Hilfsmissionen ausgeschickt, bei denen sie vermutlich nicht in Kämpfe verwickelt werden, so machten es die Vereinigten Staaten in Somalia, die Europäer in Bosnien und die Franzosen in Ruanda. Das Ziel in all diesen Ländern ist nicht, die Machtverhältnisse im Lande zu ändern (obwohl wir in Mogadischu kurz Zeuge eines anderen Vorgehens wurden), sondern nur ihre Folgen zu mildern – beispielsweise die unter Blockaden und Bombardements leidende Bevölkerung mit Nahrungsmitteln und Medikamenten zu versorgen, ohne aber die Blockaden und Bombardements selbst zu bekämpfen.

Man mag darin den Sieg des alten Grundsatzes der Nichtintervention sehen, nur daß die Gründe, auf denen der Grundsatz sich berief und die ich gleich wiedergeben werde, nicht die zu sein scheinen, von denen Regierungen und Politiker sich heute bewegen lassen. Sie führen nicht die Kosten der Intervention oder, was das betrifft, die der Nichtintervention für die Männer und Frauen an, deren Gefährdung und Leiden zu der Frage Anlaß geben, sondern allein die Kosten für ihre eigenen Soldaten und für sich selbst, d. h. für ihre politische Stellung im eigenen Land. Zweifellos müssen Regierungen sich über solche Dinge Gedanken machen: Regierungspolitiker müssen auf die Unterstützung durch die Wähler achten, wenn sie eine kraftvolle Außenpolitik betreiben.[1] Doch müssen sie auch *eine kraftvolle Außenpolitik betreiben*, wenn die Situation es verlangt, und sie müssen die Dringlichkeit der Forderung in den richtigen moralischen und politischen Kategorien beurteilen können. Die Ideologie des Kalten Krieges lieferte einst die nötigen Begriffe, die zwar nicht immer genau auf die vorliegenden Fälle zutreffen, aber doch hinreichten, um innenpolitische Überlegungen in den Hintergrund treten zu lassen. Nach dem Kalten Krieg kann keine andere Ideologie diese Aufgabe übernehmen. Die Frage, intervenieren oder nicht, wird jeden Tag beantwortet, nichts weist aber darauf hin, daß es mit den erforderlichen Urteilskriterien geschieht.

II

Ich werde mich auf die Argumente für oder gegen eine »humanitäre Intervention« konzentrieren, denn darum geht es im früheren Jugoslawien, im Kaukasus, in Teilen Asiens und vielen Ländern Afrikas. Massaker, Vergewaltigung, ethnische Säuberung, Staatsterrorismus, zeitgenössische Versionen eines »entarteten Feudalismus« mit allem was dazugehört, skrupellose Kriegsherren, gesetzlose Marodeure: Diese Taten und Gelegenheiten fordern uns auf oder verlangen von uns, daß wir die Hemmung gegen eine Entsendung von Truppen in ein anderes Land fallen lassen, selbst wenn dieses weder seine Nachbarn bedroht noch angegriffen hat. Es gibt keine besorgniserregende

Aggression nach außen, nur Grausamkeit nach innen, Bürgerkrieg, politische Tyrannei, ethnische oder religiöse Verfolgung. Wann sollten die Weltmächte und Weltorganisationen (die Vereinten Nationen, die Europäische Union, die Panamerikanische Allianz, die Organisation afrikanischer Staaten, die USA) bloß zuschauen und protestieren? Wann sollten sie protestieren und dann intervenieren?

Die Hemmung gegen eine Intervention ist stark. Wir – vor allem die Linken – haben gute Gründe dafür, die aus unserer Ablehnung jeder imperialistischen Politik und unserem Eintreten für Selbstbestimmung herrühren, auch wenn der Prozeß der Selbstbestimmung nicht gerade friedlich und demokratisch verläuft. Seit den Zeiten der Römer haben Reiche sich durch ihr Eingreifen in Bürgerkriege ausgedehnt, indem sie »Anarchie« durch Recht und Ordnung ersetzten, angeblich schändliche Regime absetzten. Vermutlich rettete die Expansion eine Reihe von Leben, doch nur indem sie ein »Gefängnis der Nationen« schuf, dessen nachfolgende Geschichte von vielen, grausam unterdrückten Gefängnisrevolten erzählt. Daher scheint es besser zu sein, daß Leute, die in der Vergangenheit zusammenlebten und es auch in Zukunft tun werden, ohne imperiale Nachhilfe ihre Probleme untereinander regeln. Keine Lösung, die nicht lokal gefunden wird, ist stabil. Auch ist die Chance gering, daß eine nicht lokal zustande gekommene Regelung auf Einigkeit beruht.

Gleichwohl ist Nichtintervention keine uneingeschränkte Moralregel: Mitunter läßt sich einfach nicht tolerieren, was an einem bestimmten Ort vor sich geht. Daher die Praxis der »humanitären Intervention«. Zweifellos wurde sie häufig mißbraucht, das macht sie aber moralisch nicht weniger notwendig, wo immer Grausamkeit und entsetzliches Leid herrschen und keine lokale Macht fähig scheint, dem ein Ende zu bereiten. Humanitäre Interventionen sind nicht um der Demokratie, der freien Marktwirtschaft, der ökonomischen Gerechtigkeit, freiwilliger Vereinigungen oder irgendwelcher anderer gesellschaftlichen Praktiken oder Einrichtungen willen erlaubt, die wir für die Länder anderer Leute erhoffen oder sogar fordern können. Ihr Ziel ist seinem Charakter nach durch und durch negativ: Es soll ein

Tun beendet werden, das, um den alten, aber zutreffenden Ausdruck zu verwenden, das »Gewissen der Menschheit schockiert«. Es gibt dafür einige hilfreiche und meiner Ansicht nach gerechtfertigte Beispiele: Indiens Eingreifen in Ostpakistan, Tansanias in Uganda und Vietnams in Kambodscha. Interventionen dieser Art werden wie in diesen drei Beispielen wohl am besten von Nachbarländern ausgeführt, da diese in gewisser Weise mit der lokalen Kultur vertraut sind. Möglich ist aber auch, daß sie noch ein paar alte Rechnungen zu begleichen haben oder sich von alten (bzw. neuen) Ambitionen leiten lassen, das Nachbarland unter ihre Herrschaft zu bringen. Hätten wir mehr Vertrauen in die Effizienz der Vereinten Nationen oder die verschiedenen regionalen Vereinigungen, könnten wir internationale oder multilaterale Billigung, Zusammenarbeit und massiven Druck fordern. Später wird von dieser Möglichkeit die Rede sein. Es mag ein Weg sein, den von ökonomischen oder politischen Expansionsgelüsten motivierten Interventionen einzelner Länder einen Riegel vorzuschieben. Im Moment ist die letzte Rettungsinstanz jedoch jemand in der Nähe, der stark genug ist, zu beenden, was beendet werden muß.

Nicht immer jedoch ist das leicht. Nach der üblichen Auffassung von humanitären Interventionen, ich selbst schloß mich ihr an, als ich vor nahezu zwanzig Jahren *Gibt es den gerechten Krieg?* schrieb, sollte die Ursache der Unmenschlichkeit ihrem Charakter nach irgendwie extern oder singulär sein: ein Despot, ein Eroberer oder Usurpator, eine fremde Macht, die einer Masse von Opfern gegenübersteht. Das Ziel der Intervention ist in diesem Fall so einfach wie negativ: Man stürze den Despoten (Pol Pot, Idi Amin), befreie das Volk (Bangladesch) und ziehe sich dann zurück. Man rette das bedrängte Volk vor seinen Peinigern und lasse es sein Leben selbst weiterführen. Leiste Hilfe und überlasse es dann ihnen, ihre Angelegenheiten so gut wie möglich selbst zu regeln. Nach dieser Ansicht ist der Test, ob es sich wirklich um eine humanitäre Intervention handelt der, ob die intervenierende Macht schnell ins Land kommt und es schnell wieder verläßt. Sie interveniert nicht und bleibt dann aus nur ihr bekannten Gründen im Land, wie es die Vietnamesen in Kambodscha taten.

Wie aber liegt der Fall, wenn das Problem intern ist, eine Sache der politischen Kultur, der gesellschaftlichen Strukturen, der historischen Erinnerungen ist, der Angst, des Ressentiments und des Hasses zwischen verschiedenen Ethnien? Oder wenn das Problem aus dem Verfall des Staates, dem Zusammenbruch jeder handlungsfähigen Regierung entspringt, und der daraus resultierende Zustand mehr den Vorhersagen Hobbes' als denen Kropotkins gleicht – nicht ganz einem »Krieg aller gegen alle«, wohl aber einem weitgestreuten, unorganisierten und mörderischen Krieg einiger gegen einige? Kein Zweifel, wir haben immer noch identifizierbare Übeltäter, doch diese haben nun Unterstützung im eigenen Land, Reserven, Übeltäter auf Abruf: Was dann? Und was wenn die Gruppen der Opfer und Täter sich überschneiden, wie die somalischen Clans und Kriegsherren oder, vielleicht, die religiösen/ethnischen/nationalen Gruppierungen in Bosnien? In all diesen Fällen mag es sehr gut sein, daß die Bedingungen, die eine Intervention überhaupt erst veranlaßten, nach dem Abzug der intervenierenden Mächte schnell wieder erstehen. Gibt man die Vorstellung von einem externen und singulären Übel auf, so ist es sehr schwer, den »rein und raus«-Test anzuwenden.

Wir hängen bemerkenswert stark von dem Modell ab, daß es Opfer und Täter, Gute und Böse gibt. Ich bin mir nicht sicher, ob ohne diese Vorstellung eine starke Intervention politisch möglich ist. Ein Grund für die Schwäche der Vereinten Nationen in Bosnien lag darin, daß viele ihrer Vertreter in diesem Gebiet nicht glauben, daß dieses Modell die Lage, mit der sie konfrontiert sind, richtig beschreibt. Sie sind keine Apologeten der Serben, die (zu Recht) in vielen UNO-Resolutionen verurteilt wurden, aber sie halten die Serben auch nicht einfach für die »Bösen« oder nur die einzigen »Bösen« im ehemaligen Jugoslawien. Das hat es ihnen erheblich erschwert, die nötigen Maßnahmen zu rechtfertigen, um das Morden und die ethnische Säuberung zu beenden. Angenommen sie hätten die erforderlichen Maßnahmen ergriffen, was sie (meiner Ansicht nach) hätten tun müssen. Wären sie dann nicht ebenfalls verpflichtet gewesen, kollaterale Maßnahmen gegen die Kroaten, Bosnier und Moslems zu ergreifen? In einem solchen Fall wird die Politik der Rettung eine sehr verwickelte und verworrene Angelegenheit sein.

Es ist sehr viel leichter, in ein Land wie Bosnien hineinzugehen als wieder herauszukommen, und die Kosten sowohl für die Interventionsmächte als auch für die lokale Bevölkerung sind viel höher als in den klassischen humanitären Interventionen der jüngsten Vergangenheit. Deshalb haben amerikanische Politiker und Militärs darauf insistiert, vor einer Intervention eine Strategie zu haben, die ihnen sagt, wie sie wieder herauskommen. Diese Forderung läuft praktisch auf ein Argument gegen jede Intervention hinaus. Strategien, um wieder herauszukommen, lassen sich selten im vorhinein entwerfen, und eine öffentlich bekundete Verpflichtung, innerhalb einer bestimmten Zeit das Land wieder zu verlassen, würde den feindlichen Kräften einen starken Anreiz bieten, still zu halten und zu warten. Da ist es schon besser, zu Hause zu bleiben, als sich auf eine Intervention einzulassen, die zum Scheitern verurteilt ist.

Wo die zu beendenden Maßnahmen und Praktiken auf breite Unterstützung stoßen, von lokalen Strukturen und Kulturen lebendig erhalten werden, wird jede potentiell erfolgreiche Intervention nicht den »rein und raus«-Test bestehen. Dazu bedarf es vermutlich einer sehr viel länger anhaltenden Einschränkung der normalen Souveränität: einer langfristigen Militärpräsenz, einer gesellschaftlichen Erneuerung dessen, was man als »politische Treuhandverwaltung« bezeichnete – schließlich sind nur wenige Leute vor Ort, zumindest jene mit Macht, vertrauenswürdig. Um all das zu ermöglichen, wird man immer wieder massive Waffengewalt einsetzen müssen. Ist irgend jemand dazu bereit? Diese Frage bereitet vor allem der Linken Unbehagen, die zwar von den früheren und gegenwärtigen Ereignissen in Bosnien und Ruanda abgestoßen ist, aber lange Zeit erklärte, das Beste, was man mit einer Armee tun könne, sei, sie zu Hause zu behalten. Selbst diejenigen, die sich in der Vergangenheit für eine humanitäre Intervention aussprachen, betonten die moralische Notwendigkeit eines schnellen Abzugs. Jeder weitere Einsatz von Waffengewalt sollte den inländischen Soldaten überlassen bleiben.

Aus dieser moralischen Notwendigkeit scheint mittlerweile eine praktische, politische Notwendigkeit geworden zu sein. Daher die allgemeine Suche nach einem raschen Durchgreifen, wie in Präsident Clintons nie energisch verfolgtem Vorschlag, »die Serben zu bombardieren und die Bosnier zu bewaffnen«. Ich hätte beide Maßnahmen in der Überzeugung begrüßt, daß sie für eine lokale Lösung sorgen könnten, die, wie blutig sie am Ende auch sein mag, nicht schlimmer sein könnte als das, was ohnehin geschieht. Was aber ist, wenn das rasche Durchgreifen fehlschlägt und einen noch brutaleren Bürgerkrieg entfacht, dessen Ende sich nicht abzeichnet? Wären wir dann bereit, eine direktere und langfristigere Intervention ins Auge zu fassen – und wenn ja, mit was für einer Armee. Wer soll das Kommando führen? Welche Waffensysteme, welche Strategie und Taktik sollen zum Einsatz kommen? Wie weit geht die Bereitschaft, Verluste auf der eigenen und der anderen Seite hinzunehmen?

III

Die letzte Frage ist vermutlich die entscheidende. Sie macht Intervention zunehmend unwahrscheinlich und schwierig. Es ist heutzutage in westlichen Demokratien sehr problematisch, das Leben von Soldaten zu gefährden. Humanitäre Interventionen und Friedensmissionen sind aber vor allem militärische Operationen gegen Leute, die bereits Gewalt ausüben und den Frieden gebrochen haben. Solange es an der Bereitschaft fehlt, die Risiken in Kauf zu nehmen, die nun einmal von Natur aus mit militärischen Operationen verbunden sind, nämlich Blut zu vergießen und Soldaten zu verlieren, werden solche Aktionen erfolglos sein. In großen Teilen der Welt ist eine unblutige Intervention, eine friedliche Friedensmission ein Widerspruch in sich: Wäre sie möglich, bräuchte man sie nicht mehr. Insofern sie notwendig ist, müssen wir den wirklichen Status und die Funktion der Männer und Frauen anerkennen, die wir zur Erledigung der Arbeit entsenden. Soldaten sind keine Freiwilligen des Friedenscorps, keine Fulbright Stipendiaten oder USIA Musiker und Dozenten, die man in der Tat nicht an gefährliche Orte in Übersee schicken sollte. Soldaten aber sind nun mal dazu da, an solche Orte geschickt zu werden, und sollten es auch wissen (wenn nicht, muß man es ihnen deutlich sagen).

Selbstverständlich heißt das nicht, daß Soldaten skrupellos in Gefahren geschickt werden dürfen. In Anerkennung ihres Status und ihrer Funktion stellt sich jedoch eine Frage, die zu entscheiden ist, noch bevor Soldaten irgendwohin entsandt werden, dann nämlich bereits, wenn ihr Auftrag deutliche Konturen hat: Sind wir willens, für diese Sache amerikanische Soldaten sterben zu lassen? Wird die Frage positiv beantwortet, dann können wir nicht in Panik geraten, sobald der erste Soldat oder auch eine größere Zahl von Soldaten bei einem Feuergefecht ums Leben kommen, wie etwa die achtzehn Infanteristen in Somalia. Dazu muß man sagen, daß die Europäer in Bosnien es erst gar nicht darauf ankommen ließen, in Panik geraten zu können: Sie machten von Anfang an deutlich, daß die von ihnen entsandten Soldaten, deren Aufgabe darin bestand, Straßen für Versorgungstransporte frei zu halten, nicht als *Soldaten* im üblichen Sinne zu gelten haben. Es waren erwachsene Pfadfinder die gute Taten vollbrachten. Das ist das beste Rezept für Versagen. Die Soldaten, die keine waren, wurden praktisch zu Geiseln der serbischen Streitkräfte, die die Straßen kontrollierten: Zielscheibe für einen Angriff, wenn jemand es wagte, die Kontrolle anzufechten. Die europäischen Regierungen vermieden in der Folge denn auch solche Herausforderungen.

Sollten wir Soldaten an entfernten Schauplätzen in Gefahr bringen, wenn unser eigenes Land nicht angegriffen oder mit einem Angriff bedroht wird und nationale Interessen im engeren Sinne nicht auf dem Spiel stehen? Ich neige manchmal stark dazu, die Frage zu bejahen. (Ob Freiwillige oder Wehrpflichtige diese Gefahren auf sich nehmen sollen, ist eine zu verwickelte Frage, als daß sie hier behandelt werden könnte.) Der Grund dafür ist recht einfach: Alle Staaten sind an weltweiter Stabilität ebenso wie an Humanität interessiert, und im Falle eines reichen und mächtigen Staates wie des unsrigen wird das Interesse von einer Verpflichtung begleitet. Zweifellos kann die »zivilisierte« Welt mit grob unzivilisiertem Verhalten an Orten wie Osttimor leben, gewissermaßen abseits der großen Bühne, denn »die im Dunkeln sieht man nicht«. Ein solches Verhalten, bleibt es ungeahndet, neigt indessen dazu, Nachahmer zu finden oder sich zu verbreiten. Hat man erst einmal moralisch mit Stillhalten und Gefühllosigkeit gezahlt, wird man schon bald den politischen Preis zahlen müssen, daß Unruhen und Gesetzlosigkeit uns näher rücken.

Zugegeben, auf den einen Preis folgt nicht immer der andere, aber häufig genug treten sie nacheinander auf. Daß das eine das andere nach sich ziehen kann, geht sehr deutlich aus Hannah Arendts Schilderung hervor, wie die Brutalität der Europäer in den Kolonialländern schließlich auf Europa selbst zurückschlug. Der Prozeß wirkt sich mitunter auch anders aus, beispielsweise wenn terroristische Regime in der Dritten Welt einander – oft mit Hilfe der Ersten Welt – nachahmen und verzweifelte Flüchtlingswellen in Länder strömen, in denen mächtige politische, aber noch nicht fest im Sattel sitzende Kräfte nur eins wollen: sie zurücktreiben. Wie lang wird sich der Anstand *hier* behaupten, wenn es ihn *dort* schon nicht mehr gibt. Jetzt tritt zur Verpflichtung das Interesse hinzu.

Wie ich bereits sagte, haben Interesse und Verpflichtung zusammen als wunderbare ideologische Vorwände für imperialistische Expansion und die Ausweitung der eigenen Interessensphäre im Kalten Krieg gedient. Deshalb sind sie von der politischen Rechten verteidigt worden, während die Linke sich in Kritik und Ablehnung übte. Heute, wo Imperien ebenso wie der Kalte Krieg der Vergangenheit angehören, kehren sich die Positionen wahrscheinlich um oder mischen sich zumindest. Viele Leute aus dem rechten Spektrum finden es heute sinnlos, irgendwo zu intervenieren, wo doch kein materieller oder, was das betrifft, ideologischer Gewinn in Aussicht steht. »Was bedeutet ihnen Bosnien und was bedeuten sie Bosnien, daß sie darum weinen sollten?« Demgegenüber befürwortet inzwischen eine kleine, aber wachsende Zahl aus dem linken Lager, die sich von ihrem internationalistischen Ethos leiten lassen, hier und dort eine Intervention.

Und sie tun Recht daran. Der Internationalismus stand traditionell für die moralische, wenn nicht sogar für die praktische Unterstützung der Kämpfe der Befreiungsbewegungen weltweit. Das bedeutet allerdings, daß man die Erhebung des Volkes erst abwarten muß. Eine Befreiung sollte stets vom eigenen Boden ausgehen. Angesichts des menschlichen Elends gewinnt der Internationalismus jedoch eine dringlichere Bedeutung. Es darf nicht mehr gewartet werden: Jeder, der die Initiative zu ergreifen fähig ist, sollte das tun. Aktiver Widerstand gegen Massaker und massive Vertreibungen ist ein moralisches Muß; die daraus resultierenden Risiken muß man nun mal schlucken.

IV

Selbst das Risiko, sich nicht mehr einfach zurückziehen zu können und lange bleiben zu müssen. Aus Gründen, über die wir vermutlich erfreut sein sollten, werden unruhige Länder heute nicht mehr als willkommener Anlaß für imperialistische Bestrebungen betrachtet. Statt dessen gelten sie als »Moor« und »Sumpf« – eine vielsagende Metapher. Interventionsarmeen werden in diesem sumpfigen Gelände zwar nicht geschlagen, aber sie werden langsam zermürbt. Wie brachten die alten Imperien ihre Soldaten bloß dazu, an solche Orte zu gehen, sich in Lagern zu verschanzen und in eine endlose Reihe kleiner, ermüdender und glanzloser Gefechte verwickeln zu lassen? Heute, wo jeder Tod über den Bildschirm läuft, sind demokratische Bürger (die Soldaten selbst oder ihre Eltern) vermutlich nicht willens, Interventionen dieser Art zu unterstützen oder auf sich zu nehmen. Und dennoch sollten sie es manchmal tun. Betrachten wir diesen Fall: Hätte ein mächtiger Staat oder ein regionales Bündnis zu Beginn der Massaker in Ruanda, oder als ihr Ausmaß deutlich erkennbar war, schleunigst Truppen in das Land geschickt, wäre die schreckliche Massenflucht und die Choleraepidemie wohl vermieden worden. Die Truppen stünden jedoch noch immer im Land, und niemand wüßte, welche Geschehnisse so verhindert worden wären.

Zwei Formen der lang anhaltenden Intervention, die wir beide aus der imperialistischen Politik der Vergangenheit kennen, verdienen heute, neu beurteilt zu werden. Die erste ist eine Art von Treuhandverwaltung, bei der die intervenierende Macht tatsächlich das von ihr »gerettete« Land regiert, treuhänderisch für die Bewohner handelt und eine stabile, mehr oder weniger auf Konsens beruhende Politik zu etablieren versucht. Die zweite ist eine Art Protektorat, bei dem die Intervention einer einheimischen Gruppe oder einer Koalition verschiedener Gruppen zur Macht verhilft, sich dann aber nur noch defensiv verhält, um sicherzustellen, daß das abgesetzte Regime nicht wieder ans Ruder kommt oder die alte Gesetzlosigkeit zurückkehrt und die Minderheitenrechte respektiert werden. Ruanda hätte ein Kandidat für eine Treuhandverwaltung sein können, Bosnien für ein Protektorat.

Es gibt Einrichtungen, die man nur schwer empfehlen und im heutigen politischen Klima sicherlich nur mit Mühe rechtfertigen kann. Die geretteten Menschenleben wären rein spekulativ und statistisch, nicht real. Katastrophen, die *hätten* geschehen können – aber wie können wir uns da sicher sein? –, wären so vermieden worden. Die Rettung wäre rein präventiv und würde auf den Widerstand lokaler Eliten stoßen, die ihre Notwendigkeit für vermeidbar halten, sofern man ihnen die Verantwortung übertrüge, oder die bereit sind, die Verantwortung um jeden Preis zu übernehmen. Die bloße Idee eines »bankrotten Staates« wird Gruppen wie etwa die Patriotische Front Ruandas, die noch nicht die Gelegenheit hatten, ans Regierungsruder zu kommen, als bevormundend und arrogant erscheinen. Auch ist die Geschichte der Treuhandverwaltungen und Protektorate nicht besonders ermutigend: Die heute im Sudan wütenden Schrecken des Bürgerkrieges sind kein Grund, die Unterdrückungspolitik des alten »Anglo-Ägyptischen Sudan« zu vergessen. Gleichwohl müssen moralisch aufrichtige Menschen in Anbetracht dessen, was sich gegenwärtig in Südosteuropa und Zentralafrika abspielt, erneut über Kosten und Nutzen sogenannter »lang anhaltender Interventionen« nachdenken. Das heutige Haiti [Oktober 1994] könnte ein Präzedenzfall sein, denn die von den USA geführten multinationalen Kräfte fungieren als Schutz für die wiedereingesetzte Regierung Aristide – und diese Aufgabe werden sie wahrscheinlich noch lange wahrnehmen müssen.

V

Wer will, wer sollte »den Aufenthalt« auf sich nehmen und die Kosten für die möglichen, oft unsichtbaren Siege tragen? Diese Frage stellt uns zweifellos vor die größten Probleme, und merkwürdigerweise hat gerade sie wenig Aufmerksamkeit auf sich gezogen. Die öffentliche Debatte drehte sich um einen anderen Punkt, als gäbe es – was früher vielleicht der Fall war – eine große Anzahl von Staaten, die nur darauf warteten, zu intervenieren. Die Frage ist daher: Wer bevollmächtigt und begrenzt die Intervention, wer legt die Grundregeln, den Zeitrahmen fest und macht sich Gedanken über Strategien und Taktiken? Die übliche Antwort der Linken und vermutlich auch anderer Kreise lautet, eine internationale, multilaterale Autorität – das naheliegende Beispiel sind die Vereinten Nationen – sei allen anderen vorzuziehen. Hinter dieser Auffassung steckt ein Argument nicht unähnlich dem, das Rousseau für den allgemeinen Willen vorbringt: Im Verlauf demokratischer Entscheidungsverfahren würden die Einzelinteressen der verschiedenen Parteien sich wechselseitig aufheben, so daß ein von Sonderinteressen unberührtes, allgemeines Interesse übrigbleibt. Und was für Individuen in einer Gesellschaft gilt, trifft auch auf Staaten der internationalen Gemeinschaft zu: Werden alle zu Rate gezogen, wird jeder solchen Vorschlägen mit einem Veto begegnen, die mit Expansionsbestrebungen liebäugeln.

Ein erfreulicher Gedanke ist das nicht, denn dabei wird höchst wahrscheinlich eine Pattsituation und Untätigkeit herausspringen, was nicht immer der allgemeine Wille der internationalen Gemeinschaft sein kann. Denkbar ist natürlich auch, daß sich Staaten, die sich um eines gemeinsamen (Eigen-)Interesses willen verbündet haben, durchsetzen oder daß die Bürokratie der Vereinten Nationen aufgrund eines Patts ein eigenes Programm verfolgt. Ein multilaterales Vorgehen allein garantiert noch gar nichts. Es mag immer noch der einseitigen Initiative eines einzelnen mächtigen Staates vorzuziehen sein, obwohl in den eingangs angeführten Beispielen die benachbarten Staaten Indien, Vietnam, Tansania ihre Sache gar nicht so schlecht gemacht haben. Keine dieser Interventionen, möglicherweise mit der Ausnahme der letzten, wäre von den Vereinten Nationen autorisiert worden. In der Praxis sollten wir uns wohl nach einem Zusammenspiel von multilateraler Bevollmächtigung und einseitiger Initiative umsehen, das erste aus Gründen der moralischen Rechtfertigung, das zweite aus Gründen der politischen Wirksamkeit. Doch was vor allem zählt, ist die Initiative.

Dürfen wir annehmen, daß einige Staaten bereit sind, die Initiative zu ergreifen, und den dafür nötigen langen Atem mitbringen? In Somalia unternahmen die USA die ersten Schritte, waren nicht bereit, auf dem eingeschlagenen Weg weiterzugehen. (Möglicherweise bedurfte es dessen auch nicht: Niemand berichtet heute darüber, welche Bedingungen in Somalia auf dem Lande herrschen, daher wissen wir es nicht.) Bosnien ist ein klassisches Beispiel dafür, daß ein Eingreifen wiederholt abgelehnt wurde: Jeder beklagte den Krieg und die ethnischen Säuberungen, niemand war bereit, sie zu beenden – und niemand ist heute willens, ihre Folgen aufzufangen. Ähnlich nahmen die afrikanischen Staaten und die westlichen Mächte angesichts der Massaker in Ruanda eine reine Zuschauerhaltung ein. (Erinnern wir uns an das biblische Gebot: »Du sollst nicht müßig neben dem Blut deines Nächsten stehen«. Die Bevölkerung Ruandas hatte, wie sich zeigte, keine Nächsten weder nahe noch ferne, bis sie zu Tausenden auf fremdem Boden und den Fernsehschirmen starben.)

Überflüssig zu sagen, was ebenfalls offensichtlich ist: Einige Staaten sollten in einigen Fällen zur Intervention bereit sein. Es ist wohl gleichermaßen überflüssig, die Staaten und die Fälle zu nennen, obgleich ich nach dem Grundsatz, daß selbst das Überflüssige gewinnt, stellt man es weniger abstrakt dar, genau das tun werde. Die Europäische Union oder zumindest die Engländer und Franzosen – die

Deutschen schieden aufgrund ihrer Aggression im Zweiten Weltkrieg aus – hätten schon früh in Bosnien eingreifen müssen. Die OAU hätte mit finanzieller Unterstützung aus Europa und Amerika früh in Ruanda intervenieren müssen. (Ich räume ein, daß die von Nigeria angeführte Intervention in Liberia kein sehr gutes Vorbild war, obwohl sie vermutlich das Morden verlangsamte.) Die USA hätten bereits Monate vorher in Haiti aktiv werden sollen, auch wenn das wahrscheinlich notwendige Protektorat am besten von einer Koalition mittelamerikanischer und karibischer Staaten ausgeübt worden wäre. Schwieriger ist es zu sagen, wer das Morden im südlichen Sudan oder in Osttimor hätte beenden sollen: Nicht immer läßt sich ein offensichtlicher Kandidat oder eine klare Verantwortung benennen. Probleme wirft auch die Frage auf, an wen die Verantwortung über geht, wenn der offenkundige Kandidat, die Aufgabe ablehnt. Sollten die Vereinigten Staaten als die einzige oder die größte »Großmacht« zum »Retter in höchster Not« ernannt werden? In Anbetracht der ihnen zur Verfügung stehenden Transporttechnik sind sie wohl nah genug am Geschehen und sicherlich stark genug, um in den meisten von mir erörterten Fällen – wenn auch nicht in allen gleichzeitig – das Nötige für eine Beendigung der Greuel zu tun.

Niemand will indessen, daß die USA zum Weltpolizisten werden, auch nicht zum Retter in höchster Not, wie sich sehr schnell zeigen würde, wenn sie tatsächlich in diese Rolle schlüpften. Moralisch und politisch ist eine Arbeitsteilung vorzuziehen, und die Amerikaner könnten ihre Macht am besten so nutzen, daß sie andere Länder drängen, ihren Teil der Arbeit auf sich zu nehmen. Dennoch werden und sollten sie sich mehr als andere, über weniger Ressourcen verfügende Länder beteiligen. Manchmal müßten die USA die Initiative übernehmen, manchmal sollten sie die von einem anderen Land unternommene Intervention finanziell unterstützen und sogar zusätzlich eigene Soldaten entsenden. In vielen Fällen wird überhaupt nichts geschehen, es sei denn, die USA übernehmen die eine oder andere dieser Aufgaben – entweder treten sie als politische Führungsmacht auf oder als eine Mischung aus Geldgeber und Mitspieler. Das alte und sicherlich begründete Mißtrauen gegenüber Amerikas Macht muß heute einer vorsichtigen Anerkennung ihrer Notwendigkeit weichen. (Ein Freund sagt dazu: Wäre ein republikanischer Präsident an der Macht, würdest du mehr Vorsicht anmahnen. Vielleicht hat er Recht.)

Viele Linke werden eine Zeit herbeisehnen, in der diese unerläßliche Rolle Amerikas durch die Einrichtung einer internationalen Armee unnötig geworden ist. Diese Zeit, mag sie auch sicherlich schneller heraufziehen als der vielbeschworene Sprung vom Reich der Notwendigkeit ins Reich der Freiheit, liegt noch in weiter Ferne. Auch wird sich eine UNO-Truppe mit eigenen Offizieren, die im Feld unabhängige Entscheidungen treffen können, nicht immer auf dem richtigen Schlachtfeld wiederfinden – auf dem, wo das Töten vor sich geht. Ihre An- oder Abwesenheit hinge von den Entscheidungen des Sicherheitsrates ab, der wahrscheinlich ebenso gespalten und zögerlich wäre wie heute, in seiner Handlungsfreiheit noch immer durch ein Veto der Großmächte und schwerwiegende Budgetlöcher bedroht. Die nützliche Rolle der Vereinten Nationen in Kambodscha, wo sie Wahlen organisierten und überwachten, zeigt, wie wichtig es ist, ihren Handlungsspielraum zu vergrößern. Aber es waren nicht die Vereinten Nationen, die Pol Pot stürzten und die Morde der Roten Khmer beendeten. Solange wir nicht mit Sicherheit mit der Fähigkeit und Bereitschaft der UNO rechnen können, dergleichen zu tun, müssen wir nach einseitigen Interventionen suchen und damit leben. Um es noch einmal zu sagen, es ist eine gute Sache, wenn sie von benachbarten Mächten wie Vietnam durchgeführt werden; häufiger allerdings werden Großmächte wie die Vereinigten Staaten und – so dürfen wir hoffen – die Europäische Union sich engagieren müssen.

VI

Trotz meiner bisherigen Darlegungen möchte ich den Grundsatz der Nichtintervention nicht einfach fallenlassen, sondern vielmehr seine

Ausnahmen würdigen. Gerade heute gibt es zweifellos eine Menge Ausnahmen. In diesen Tagen kann man die Zeitung nur noch mit zitternden Händen aufschlagen. Der riesigen Zahl hingemetzelter Menschen, den Männern, Frauen und Kindern, die an Krankheiten sterben und an bewußt verursachten oder leicht zu verhindernden Hungersnöten, den Strömen verzweifelter Flüchtlinge: Ihnen allen ist nicht mit dem Herunterbeten hehrer Grundsätze gedient. Sicher, die Regel heißt, sich nicht in anderer Leute Länder einzumischen, die Regel ist Selbstbestimmung. Doch nicht für *diese* Menschen, die Opfer von Despotie, ideologischem Fanatismus, ethnischem Haß sind, die über gar nichts bestimmen und die dringend Hilfe von außen brauchen. Es reicht nicht, darauf zu warten, bis die Despoten, Fanatiker und Heuchler ihr schmutziges Werk getan haben, um dann eiligst mit Nahrungsmitteln und Medikamenten den verelendeten Überlebenden beizustehen. Wann immer das schmutzige Werk beendet werden kann, hat es zu geschehen. Und wenn nicht durch uns, die angeblich anständigen Menschen auf dieser Welt, durch wen dann?

Anmerkungen

1 Was sie in einer Demokratie tun müssen, um in ihrer Außenpolitik weder Recht noch Verfassung zu verletzen, ist eine andere Frage für eine andere Gelegenheit.

Schwierige Fälle

War der Golfkrieg ein gerechter Krieg?

Kriegsziele und Grenzen der Kriegführung

I

Der Testfall für politische Theorien sind Ereignisse in der politischen Welt. Wir fragen uns, ob die Theorie ein klärendes Licht auf die Ereignisse wirft. Rückt sie die richtigen Fragen in den Blick? Trägt sie dazu bei, unsere moralischen Reaktionen und Urteile zu bilden, zu rechtfertigen und zu erklären?

In den letzten fünfzehn Jahren hat es eine bemerkenswerte Renaissance der Lehre vom gerechten Krieg gegeben, die sich, wie auch meine eigenen Schriften, weitgehend der Erfahrung des Vietnamkrieges verdankt. Viele Bücher und Aufsätze wurden darüber veröffentlicht, viele Seminare abgehalten, und das nicht nur an den Hochschulen, sondern auch an amerikanischen Militärakademien. Die Terminologie des gerechten Krieges tauchte zunehmend in öffentlichen Debatten auf – zunächst in den Diskussionen über die atomare Abschreckung, dann jedoch auch in der breiteren Debatte, die dem Krieg am Persischen Golf vorausging. Tatsächlich wurde sie sogar von unserer politischen und militärischen Führung aufgegriffen (ein kleines Beispiel dafür ist, daß die Invasion in Panama 1989 unter dem Codewort »Operation Just Cause« lief, obgleich man an ihrer Gerechtigkeit zweifeln kann). Solche Zeiten sind für jede Theorie gefährlich. Man denke nur an die entstellenden, ja verheerenden Auswirkungen auf die Religion, wenn Politiker plötzlich das Wort Heiligkeit im Munde führen. Selbstredend sind Politik und Krieg nie heilig, jedenfalls nicht in der Bedeutung, die Heiligkeit für mich hat, doch sind sie manchmal oder bis zu einem gewissen Grad gerecht. Aber eben nur manchmal und nur bis zu einem gewissen Grad, und wenn man ein größeres Rechtfertigungsmäntelchen aus ihr verfertigen will, wird die Lehre verdächtig. Wenn sie sich dazu hergibt, Ungerechtigkeit zu verteidigen, sollten wir sie dann überhaupt verwenden?

Tatsächlich spielte die Lehre vom gerechten Krieg, ob ihre spezifische Begrifflichkeit nun übernommen wurde oder nicht, stets eine Rolle in den offiziellen Kriegsbegründungen. Keine politische Führung kann Soldaten in die Schlacht schicken, erwarten, daß sie ihr Leben aufs Spiel setzen und andere Menschen töten, ohne vor ihnen ihre Sache als gerecht darzustellen und die ihrer Feinde als ungerecht zu brandmarken. Wenn die Lehre gebraucht wird, läßt sich ihr Mißbrauch nicht vermeiden. Manchmal dient sie bloß dazu, die Lügen unserer Staatsmänner aufzudecken, die Komplexität ihrer Heuchelei, den Tribut, den das Laster der Tugend zollt. Die Lehre vermag indessen auch immer anders verwendet werden. Sie kann eine kritische Funktion übernehmen, die Forderung nach einem ehrlicheren Tribut begründen und spezifizieren. Wir sollten daher die Lehre, bloß weil sie mißbraucht wird, nicht einfach aufgeben. Schließlich würden wir auch nicht der Idee der Freundschaft den Rücken kehren, nur weil sie von falschen Freunden ausgenutzt wird. Was wir brauchen, ist eine systematische Theorie der Gerechtigkeit, die uns hilft, Entscheidungen und Unterscheidungen zu treffen, uns auf den politischen Entscheidungsprozeß vorzubereiten oder auf das gewöhnlichere Handwerk, diesen oder jenen Krieg bzw. diese oder jene Entscheidung in Kriegszeiten zu kritisieren oder gegebenenfalls zu unterstützen.

II

Betrachten wir den Krieg im Persischen Golf als einen Testfall. Wie gut funktionierte die in Dienst genommene Lehre? Seltsamerweise versuchten einige Kritiker des Krieges, vor allem aus der christlichen Ecke – einige katholische Bischöfe, die Vorsitzenden des Weltkirchenrates –, sich auf die Lehre zu berufen und sie zugleich beiseite zu schieben. Sie sprachen über Gerechtigkeit, weil sie den Krieg als ungerecht verurteilen wollten, und sie warfen einen Großteil der Lehre über Bord, weil sie fürchteten – oder besser, sich deutlich bewußt waren –, daß er nach der üblichen Auslegung eben nicht ungerecht war. Für gewöhnlich schlossen sie mit einem Argument, das in meinen Augen sowohl gefährlich als auch falsch ist, daß nämlich kein Krieg unter modernen Bedingungen gerecht sein kann. Ihrem Dafürhalten nach hatte die Theorie die Fähigkeit eingebüßt, Unterscheidungen zu treffen. Angesichts der Mittel einer modernen Armee und der Verfügbarkeit von Massenvernichtungswaffen griffen die alten Kategorien nicht mehr. Was uns dann bleibe, sei eine obsolet gewordene Theorie der Gerechtigkeit und eine Kriegspraxis, die nur noch schmutzig ist.

Es ist sicherlich möglich, die Lehre vom gerechten Krieg auf eine Weise neu zu deuten oder zu konstruieren, daß kein Krieg mehr als gerechtfertigt gelten kann. Man muß jedoch betonen, daß »kein Krieg« hier bedeutet *kein früherer oder gegenwärtiger Krieg*. Die mörderischste Form der Kriegführung ist zugleich die älteste: die Belagerung einer Stadt, in der die Zivilbevölkerung die erklärte Zielscheibe ist und keine Anstrengung unternommen wird, die Angriffe auf die Soldaten oder die militärischen Einrichtungen zu beschränken – eine der klassischen Forderungen des gerechten Krieges. Jenen Gegnern des Golfkrieges, die sich für eine verlängerte Blockade des Irak aussprachen, scheint nicht bewußt gewesen zu sein, daß sie in Wahrheit für einen kriegerischen Akt mit vorhersagbar harten Folgen votierten, für einen Akt, der überhaupt keine Unterschiede macht. Nach meinem Verständnis der Lehre vom gerechten Krieg hätte man Nahrungsmittel und Medikamente ins Land hinein lassen müssen. Doch dann hätte die Blockade vermutlich ihren Zweck verfehlt. Jedenfalls ist die Annahme grundlos, daß Urteile dieser Art heute schwieriger sind als vor Hunderten oder Tausenden von Jahren. Ein goldenes Zeitalter der Kriegführung, in dem die Kategorien des gerechten Krieges leicht anzuwenden waren und daher regelmäßig angewendet wurden, gab es nie. Wenn überhaupt etwas, dann befähigt uns gerade die moderne Technik, heute mehr Unterschiede als früher zu machen, vorausgesetzt, der nötige politische Wille ist da.

Gleichwohl läßt sich die Lehre so formulieren, daß die Unterscheidung zwischen militärischen und zivilen Zielen irrelevant wird. Und damit geht auch, wie wir sehen werden, eine andere Unterscheidung baden: die zwischen der Lehre vom gerechten Krieg und dem Pazifismus. Einige Bischöfe haben, obwohl sie formell noch immer dem gerechten Krieg anhängen, meiner Ansicht nach Schritte in diese Richtung gemacht. Dazu bedarf es einer neuen Akzentuierung zweier Grundsätze der Lehre: Erstens, daß der Krieg das »letzte Mittel« sein müsse, und zweitens, daß die voraussichtliche Zahl der Opfer unter den Kombattanten und Zivilisten nicht in einem Mißverhältnis zu den Zwecken stehen, also nicht größer sein darf, als es die Zwecke wert sind. Meiner Meinung nach hilft uns keiner dieser Grundsätze dabei, die nötigen moralischen Unterscheidungen zu treffen. Der Golfkrieg illustriert sehr schön die Unangemessenheit der beiden Grundsätze.

Ich beginne mit dem Gang der Ereignisse. Anfang August 1990 fiel der Irak in Kuwait ein, die Kuwaitis leisteten nur kurz und vergebens Widerstand. Es war nur eine Sache von ein paar Tagen, bis das Land besetzt war. Es folgte eine kurze Phase diplomatischer Aktivitäten, während die Amerikaner mobil machten und Truppen nach Saudi-Arabien verlegten. Die diplomatischen Bemühungen führten zur einer Wirtschaftsblockade des Irak, die von den Vereinten Nationen abgesegnet war und von einem Staatenbündnis unter der Führung und Dominanz der Vereinigten Staaten militärisch durchgesetzt wurde. Obwohl die Blockade nur wenig militärisches Handeln erforderte, war sie technisch und praktisch ein Kriegsakt. Doch nach allgemeiner Auffassung herrschte in diesen Monaten (von August 1990 bis Januar 1991) Frieden am Golf, während das Bündnis auf eine friedliche Beendigung der irakischen Aggression drang und in aller Seelenruhe darüber debattierte, ob man einen Krieg beginnen solle oder nicht. Im Rahmen dieser Debatte wurde die Frage nach dem »letzten Mittel« aufgeworfen.

Hätte die kuwaitische Armee, entgegen allen Erwartungen, die Angreifer ein paar Wochen oder Monate abwehren können, wäre die Frage nie aufgetaucht. Der Krieg wäre für die Kuwaitis das erste Mittel gewesen, das jeder verbündete oder befreundete Staat angesichts der Plötzlichkeit und Gewalt der Invasion gebilligt und legitimerweise militärisch unterstützt hätte. Erst der Zusammenbruch des Widerstands schuf eine Art zeitliche und moralische Lücke, in der man nach alternativen Konfliktlösungen suchen konnte. Die Blockade war nur eine unter vielen Alternativen, zu denen eine Verurteilung des Irak durch die Vereinten Nationen, diplomatische und politische Isolation, verschiedene Grade wirtschaftlicher Sanktionen und ein Verhandlungsabkommen zählte, das dem Aggressor kleinere oder größere Zugeständnisse gemacht hätte. Die tatsächliche Blockade hätte unterschiedliche, verschiedenen Zwecken angemessene Formen annehmen können, das Bündnis hätte beispielsweise auf einer Begrenzung, nicht aber einer völligen Zurücknahme der Aggression bestehen können.

Ich setze voraus, daß es moralisch geboten war, all diese Möglichkeiten zu prüfen und ihre wahrscheinlichen Folgen abzuwägen. Wie es jedoch Pflicht hätte sein können, eine oder eine Reihe von ihnen zu ergreifen, bloß damit der Krieg das »letzte Mittel« gewesen wäre, ist nicht deutlich. Hätten sich die Verbündeten im Bewußtsein der Folgen der Alternativen, von denen eine die anhaltende Besetzung Kuwaits gewesen wäre, schon früh (etwa im September) für ein Ultimatum entschieden – Rückzug oder Gegenangriff – wäre die Entscheidung keineswegs ungerecht gewesen. Die Verbündeten hätten eine angemessene Frist für die Zustimmung zum Rückzug nennen und seine Modalitäten aushandeln müssen, und wir hätten gern eine

Versicherung gehabt, daß sie aus guten Gründen andere Strategien entweder für undurchführbar oder nur zu einem hohen Preis für die Bevölkerung Kuwaits für durchführbar hielten. In Anbetracht des Zeitraums und der Gründe scheint die Lehre vom »letzten Mittel« hier keine wichtige Rolle zu spielen.

Buchstäblich genommen, und genauso faßten viele Leute es in den Monaten der Blockade auf, würde das »letzte Mittel« einen Krieg moralisch unmöglich machen. Denn wie sollten wir das »Letzte« erreichen oder überhaupt wissen, daß wir es erreicht haben? Immer steht noch eine weitere Möglichkeit offen: eine erneute diplomatische Note, noch eine UN-Resolution, ein weiteres Treffen. Wurde eine Blockade erst einmal begonnen, ist es stets möglich, noch etwas zu warten und auf einen Erfolg des Gewaltverzichts (bzw. dessen, was so aussieht, aber nicht ganz ist) zu hoffen. Nehmen wir indessen an, daß Krieg überhaupt, vom Augenblick der Invasion an, gerechtfertigt war, dann ist er auch zu *jedem* späteren Punkt rechtens, sofern die Kosten-Nutzen-Bilanz im großen und ganzen besser ausfällt als bei allen anderen verfügbaren Alternativen.

Truppen in den Kampf zu schicken bringt aber normalerweise so viele nicht vorhersehbare Kosten mit sich, daß es zu einer Art moralischer Schwelle geworden ist: Staatsmänner sollten diese Schwelle mit Zittern und Zagen überschreiten. Das ist der wahre Kern des Grundsatzes vom »letzten Mittel«. Solange es erfolgversprechende Wege gibt, einen Kampf zu vermeiden und dennoch dem Aggressor die Stirn zu bieten, sollte man diese wählen. In den dazwischen liegenden Monate der Golfkrise scheint mir genau das geschehen zu sein. Die Verbindung von Wirtschaftsblockade, militärischer Drohung und diplomatischem Ultimatum war eine plausible Strategie, um die Iraker zum Rückzug zu bewegen. Politik und Krieg arbeiten normalerweise mit solchen Zeitplänen. Die Blockade des Irak war keine konventionelle Belagerung, die solange Bestand haben sollte, bis der massive Hungertod Saddam Hussein zur Aufgabe zwang. Wir hatten zugestimmt, und wie ich schon sagte, waren wir dazu auch verpflichtet, Nahrungsmittel und Medikamente durchzulassen, bevor die Leute auf den Straßen Hungers starben – obwohl viele Menschen ohnehin an den langfristigen Folgen schlechter Ernährung und an Krankheiten gestorben wären. Die Blockade sollte vor allem den militärisch-industriellen Komplex des Landes treffen. Saddam hätte diese Mißhelligkeiten Monate, wenn nicht gar Jahre hinnehmen können, solange er sicher sein konnte, daß man ihn nicht angriff. Folglich hing der Erfolg der Blockade von der Glaubwürdigkeit der militärischen Drohung ab, und diese, einmal ausgesprochen, konnte nicht unbegrenzt in der Schwebe bleiben. Entweder mußten die Iraker irgendwann kapitulieren oder das Bündnis mußte kämpfen. Hätten die Iraker nicht aufgegeben und das Bündnis seine Drohung nicht wahr gemacht, hätten sie den Sieg davongetragen: Die Aggression hätte triumphiert. Die meisten sachkundigen Beobachter, die sich an der ein oder anderen Version der rationalen Entscheidungstheorie orientierten, gingen davon aus, daß der Irak sich vor dem Ultimatum am 15. Januar zurückziehen würde. Als das nicht geschah, war der Krieg zwar nicht das »letzte« doch sicherlich ein legitimes Mittel.

An diesem Punkt wurde der Grundsatz der Verhältnismäßigkeit in die Debatte geworfen und behauptet, unter modernen Bedingungen könne ein Krieg niemals legitim sein, da seine Kosten stets höher als sein Nutzen sein würden. Gewiß wollen wir, daß die politische und militärische Führung sich über Kosten und Nutzen Gedanken macht. Zwar haben sie sich *Gedanken zu machen*, aber zu berechnen gibt es da nichts. Die auf dem Spiel stehenden Werte sind nicht vergleichbar – zumindest lassen sie sich nicht mathematisch ausdrücken und vergleichen, wie der Gedanke der Verhältnismäßigkeit zu implizieren scheint. Wie messen wir den Wert der Unabhängigkeit eines Landes verglichen mit dem Wert jener, die bei seiner Verteidigung ihr Leben verlieren? Wie hoch sollen wir den Wert des Sieges über ein aggressives Regime ansetzen – die Invasion von Kuwait war nicht die erste und vermutlich nicht die letzte vom Irak ausgehende Aggression – oder den Wert der Abschreckung anderer, ähnlicher Regime? Sämtliche Werte dieser letzten Art werden vermutlich ins Hintertreffen geraten, wenn die Leichen gezählt werden, und nur diese lassen sich überhaupt zählen. Unter diesen Bedingungen könnte man gar keinen Krieg mehr führen, es sei denn, er verspricht, ohne Blutvergießen, und das nicht nur auf einer Seite, abzulaufen. Das ist eine durch und durch ehrenwerte Position – Pazifismus, nicht gerechter Krieg –, jeder, der sie vertritt, wird sich jedoch über die nichtpazifistischen Ergebnisse des Versuchs, Staaten wie Saddam Husseins Irak entgegenzukommen, im klaren sein und sie billigen müssen.

Zugleich würde sich natürlich kein Staatsmann für einen Krieg entscheiden, der Millionen oder auch Hunderttausende von Toten kostete oder die Welt mit atomarer Vernichtung bedrohte, nur um die Unabhängigkeit Kuwaits zu verteidigen. Soviel ist wahr am Grundsatz der Verhältnismäßigkeit. Es ist allerdings eine recht grobe Wahrheit, und obwohl sie in einigen Fällen sinnvoll anwendbar ist, man denke etwa an den Einmarsch der Sowjetunion 1968 in die Tschechoslowakei, als niemand vorschlug, die Vereinigten Staaten sollten darauf eine militärische Antwort geben, wird sie in den meisten Fällen zu keinen nützlichen Unterscheidungen führen. Meistens sind unsere Voraussagen nur kurzfristig, wir verfügen über keine Möglichkeit, die auch nur den Schein mathematischer Gewißheit besitzt, um die Kosten eines Kampfes gegen die Unterlassung eines Kampfes aufzurechnen, denn eine Reihe von Kosten ist zwangsläufig spekulativ, während die andere sich gewissermaßen erst in unbestimmter Zukunft ergibt. Würden wir einfach von Anfang an darauf bestehen, daß unter den Bedingungen gegenwärtiger Waffenarsenale jeder Krieg unvermeidlich in die Katastrophe führt, schlösse der Grundsatz der Verhältnismäßigkeit einen Krieg in diesem und jedem anderen Fall aus: Nur ist die These falsch.

Statt dessen haben wir uns zu fragen, welche Waffen kommen vermutlich zum Einsatz, wie und zu welchen Zwecken werden sie verwandt werden. Zu all diesen Fragen hat die Lehre vom gerechten Krieg viel zu sagen, und was sie sagt, weist uns auf Unerlaubtes hin. Wenn es jedoch darum geht, einer Aggression Widerstand zu leisten, so gestattet die Lehre zumindest eine Reihe von Gegenmaßnahmen, manchmal gebietet sie sie sogar. Aggression ist nicht nur ein Verbrechen gegen die formalen Regeln der internationalen Gemeinschaft, sie ist auch, was wichtiger ist, ein Angriff auf ein Volk, eine Bedrohung seines kollektiven Lebens, ja selbst seines physischen Überlebens. Deshalb *müssen* bestimmte Akte von Aggression, wie die Invasion des Irak auf *Widerstand stoßen*, nicht notwendig auf militärischen, aber auf irgendeinen. Obgleich militärische Mittel in der Praxis in diesem oder jenem Fall auszuschließen sind – weil sie wenig Erfolg versprechen oder erschreckend gefährlich sind –, ist das keine Grundsatzentscheidung. Maßgebend ist hier unsere Abscheu vor Aggression, während die Grundsätze des »letzten Mittels« und der Verhältnismäßigkeit nur am Rande und vage ins Spiel kommen.

III

Gerechte Kriege sind begrenzte Kriege. Ihre Durchführung wird von einer Reihe von Regeln bestimmt, die soweit wie möglich die Anwendung von Gewalt und Zwang gegen Nichtkombattanten ausschließen sollen. Die »Herrschaft« dieser Regeln ist, da sie nicht durch Polizeimacht oder zuständige Gerichte gesichert ist, größtenteils, aber nicht ganz ohnmächtig. Selbst wenn die Regeln die Führung *dieses* Krieges nicht beeinflussen, gelingt es ihnen oft, auf die öffentliche Meinung darüber einzuwirken und damit vielleicht die Ausbildung, das Bewußtsein und das zukünftige Verhalten der Soldaten zu verändern. Ist der Krieg die Fortsetzung der Politik, so die militärische Kultur die Fortsetzung der politischen Kultur. Diskussionen und Kritik sind ein wesentliches, wenn nicht das entscheidende Element für die Gestaltung des Inhalts beider Kulturen.

Zwei Arten von Grenzen stehen hier im Vordergrund, und beide wurden häufig in der politischen Verteidigung wie in der Kritik des Golfkrieges angeführt. Die erste hängt mit den Zielen des Krieges zusammen, mit den Zwecken, um derentwillen er ausgetragen wird. Die Lehre vom gerechten Krieg, wie sie normalerweise verstanden wird, sieht auf die Restauration des Status quo ante, darauf wie die

Dinge vor der Aggression standen – allerdings mit einer Zusatzklausel: Die vom Aggressor in den Wochen oder Monaten vor dem Angriff ausgegangene Drohung sollte nicht Teil der »Restauration« sein. Die Kriegsziele richten sich also berechtigterweise auf die Vernichtung oder die Niederlage, die Demobilisierung und (teilweise) Entwaffnung der Armee des Aggressors. Abgesehen von Extremfällen, etwa Nazideutschland, wäre es nicht legitim, den angreifenden Staat innenpolitisch verändern zu wollen oder gar auf den Sturz des Regimes zu drängen. Denn derartige Ziele lassen sich nicht ohne eine längere Besetzung und massiven Druck auf die Zivilbevölkerung durchsetzen. Mehr als das: Es würde bedeuten, sich zum Souverän aufzuwerfen, also genau das zu tun, um dessentwillen wir eine Aggression verurteilen.

Im Fall Irak machte die Zustimmung zu dieser Einschränkung seitens des Bündnisses nach der Beendigung der Kampfhandlungen den Weg für einen blutigen Bürgerkrieg frei, dessen Opfer unter den Zivilisten die Zahl der Kriegstoten gut übertreffen könnten. Der Grundsatz der Verhältnismäßigkeit würde vermutlich einen schnellen, militärisch ohne großen Aufwand zu erledigenden Vorstoß auf Bagdad gefordert haben. Begrenzte Kriege lassen sich statt dessen von der Lehre der Nichtintervention leiten, die behauptet, ein Wechsel des Regimes müsse von den Männern und Frauen durchgesetzt werden, die unter ihm leben, die mithin auch die Kosten des Wechsels und die Risiken eines Fehlschlags tragen müssen. Die Nichtintervention weicht nur dann der Verhältnismäßigkeit, wo es um Massaker oder politisch verursachte Hungersnöte und Epidemien geht, die Kosten mithin untragbar sind. Dann ist ein Eingreifen gerechtfertigt, mehr noch, wir sind dazu verpflichtet (wie die Vietnamesen in Pol Pots Kambodscha oder die Tansanier in Idi Amins Uganda oder die Inder im damaligen Ostpakistan), ohne auf den Gedanken der Souveränität zu reflektieren. Es scheint problematisch, erstens zu sagen, wir hätten nicht intervenieren und sicherstellen sollen, daß die »richtige« Seite im irakischen Bürgerkrieg gewinnt, und zweitens, wir hätten schneller, als wir es taten, intervenieren müssen, um die Opfer der

Niederlage zu retten. Doch die Geschichte der politischen Interventionen, die von den humanitären zu unterscheiden ist, macht deutlich, daß es gute Gründe für diese Unterscheidung gibt. Dasselbe auf Restauration drängende Argument gilt ganz offensichtlich auch für den überfallenen Staat, der wahrscheinlich ebensowenig wie der Angreifer ein Bollwerk der Güte und des Lichts sein muß – man denke etwa an Haile Selassies Äthiopien, das von den italienischen Faschisten überfallen wurde. Kuwaits Regime war alles in allem dem irakischen vorzuziehen, aber es gibt wohl nicht viele Leute in der Welt, die sich zu seiner Verteidigung aufgerafft hätten; ein Volksaufstand wäre hingegen fast überall mit Begeisterung aufgenommen worden. Und dennoch bestand der Zweck des Krieges in nichts anderem als der Wiedereinsetzung dieses Regimes, des halbfeudalen Despotismus der Familie Al-Sabah. Was danach geschah, war und ist eine innere Angelegenheit der Kuwaitis, die sie ohne Gewalt und fremde Armeen lösen müssen. Selbstverständlich können sie sich nicht gegen diplomatischen Druck oder die Überwachung und Agitation von Menschenrechtsorganisationen verwahren.

Aber die Aufhebung der Aggression und die Zerstörung der irakischen Militärmacht waren nicht die einzigen Ziele des Bündnisses, zumindest nicht die einzigen Ziele der Vereinigten Staaten in ihrer Rolle als Organisator und Kopf des Bündnisses. Die amerikanische Regierung bezweckte auch eine »neue Weltordnung«, in der ihre Führungsrolle voraussichtlich gestärkt würde. Eine verbreitete Kritik am Golfkrieg lautete, die Vereinigten Staaten verfolgten »imperialistische« Ziele: Die Weltordnung verschleiere nur den Wunsch nach Einfluß und Macht am Golf, um strategisch günstig am Ölhahn zu sitzen. Ich glaube schon, daß solche Motive in der amerikanischen Entscheidung nicht fehlten; selbst gerechte Kriege haben politische ebenso wie moralische Motive, und das wird wohl so bleiben bis zum Anbruch des messianischen Zeitalters, wenn Gerechtigkeit um ihrer selbst willen geübt wird. Wir lassen uns nun einmal von mehreren Motiven bestimmen, der Glaube an den reinen Willen ist eine politische Illusion. Ähnlich liegen die Dinge in der Innenpolitik, da halten wir es für selbstverständlich, daß Parteien und Bewegungen, die sich für Bürgerrechte und Sozialreformen einsetzen, das tun, weil ihre Mitglieder bestimmte Werte haben *und auch* weil sie gewisse Ambitionen verfolgen, etwa Macht und Ämter zu bekommen. Weil sie dabei nicht über Leichen gehen, nehmen wir das leichter hin. Gemischte Motive sind auch in der internationalen Politik etwas ganz Normales, und in Kriegszeiten sind sie moralisch nur dann bedenklich, wenn sie die Kriegshandlungen über ihre legitimen Grenzen hinaus ausdehnen oder verlängern bzw. das Verhalten im Krieg zum Schlimmeren beeinflussen.

Nichts spricht also dagegen, einen Krieg innerhalb seiner gerechtfertigten Grenzen zu unterstützen und die zusätzlichen Gründe zu kritisieren, die diese oder jene Regierung auch noch hegt. Man kann die Niederschlagung der irakischen Aggression begrüßen und gleichzeitig den möglichen Charakter der »neuen Weltordnung« kritisieren. Wichtig bleibt, immer wieder zu betonen, daß der Krieg, neue Ordnung oder nicht, ein begrenzter zu sein hat.

Die zweite Grenze betrifft die Kriegführung, das normale Verhalten der Streitkräfte. Der herrschende Grundsatz besagt einfach, daß jede Anstrengung zum Schutz der Zivilisten sowohl vor direkten Angriffen als auch vor »Kollateralschäden« zu unternehmen ist. Wie es um diesen Grundsatz im Golfkrieg bestellt war, läßt sich am besten im Kontext der Luftangriffe auf den Irak erörtern, denn ein Bodenkrieg in der Wüste erfüllt gewissermaßen mühelos das entscheidende Kriterium des gerechten Krieges, daß die Kampfhandlungen zwischen Kombattanten stattzufinden haben. (Allerdings bleibt die Frage, wann und wie der Kampf einzustellen ist.) Die militärische Antwort des Bündnisses auf die irakische Invasion Kuwaits begann mit einem Luftangriff. Etwa fünf Wochen lang wurde der Krieg fast ausschließlich aus der Luft und mit Raketen geführt. In Pressekonferenzen und Einsatzbesprechungen beschrieben amerikanische Offiziere den Luftkrieg mit einer Mischung aus technischem Jargon und Begriffen des gerechten Krieges. Die Bomben seien »intelligent« und die Piloten moralisch sensibel.

Diese Bemühung, die Opfer unter den Zivilisten möglichst klein zu halten, schlug sich in unmißverständlichen Befehlen nieder. Piloten wurden instruiert, mit ihren Bomben und Raketen zur Basis zurückzukehren, wenn sie das ihnen angewiesene Ziel nicht präzise »ausschalten« konnten. Keinesfalls sollten sie die Bomben in der Umgebung ihres Ziels ausklinken; auch stünde es ihnen nicht frei, »Gelegenheitsziele« anzugreifen – ausgenommen in festgelegten Kampfzonen. Bei ihren Einsatzflügen hätten sie Risiken für sich selbst in Kauf zu nehmen, um die Gefahr von »Kollateralschäden« für die Zivilbevölkerung zu verringern. So sagte man uns und wohl auch den Piloten. Die ersten Untersuchungen des Bombardements nach dem Krieg deuten darauf hin, daß diese Befehle nicht immer befolgt wurden: Bomben wurden oft aus viel zu großer Höhe abgeworfen, als daß sie genau ins Ziel hätten treffen können. Doch die Politik, vorausgesetzt das war die tatsächliche Politik, ging von den richtigen Grundsätzen aus. Und anscheinend waren nur wenige unmittelbare Opfer unter den Zivilisten zu beklagen: Zumindest in dieser Hinsicht Sinne war der Luftkrieg beispiellos.

Ein anderes Bild ergibt sich indessen, wenn wir nicht die Modalitäten des Bombenabwurfs, sondern die ausgewählten Objekte betrachten. Das Bündnis – oder die Befehlshaber der US-Streitkräfte – entschieden sich dafür, die wirtschaftliche Infrastruktur der irakischen Gesellschaft insgesamt zu einem legitimen militärischen Ziel zu erklären: Kommunikations- und Verkehrssysteme, Stromleitungen, alle möglichen Regierungsgebäude, Wasserwerke und Klärwerke. Etwas Neues war das nicht. Schon im Zweiten Weltkrieg sahen so die Ziele des strategischen Bombardements aus, obwohl ich nicht glaube, daß man systematisch versuchte, die deutsche oder japanische Bevölkerung von sauberem Wasser abzuschneiden. Mag sein, daß das in den 40er Jahren technisch noch unmöglich war. Ausgewählte Ziele der Infrastruktur lassen sich leicht rechtfertigen: Brücken, die für den militärischen Nachschub der kämpfenden Einheiten gebraucht werden, sind ein offensichtliches Beispiel. Aber Strom und Wasser – vor allem Wasser – sind wie Nahrungsmittel: Zwar können Soldaten ohne sie nicht überleben und ihrem täglichen Handwerk nachgehen, aber das gilt auch für jeden andern. Ein Angriff auf solche Einrichtungen ist ein Angriff auf die Zivilbevölkerung. In diesem Fall sind es die militärischen Auswirkungen, die, wenn überhaupt etwas, »kollateral« sind. Die unmittelbare Folge der Zerstörung von Klärwerken beispielsweise war die, daß die Menschen in den Städten, und der Irak ist in hohem Maße eine städtische Gesellschaft, der Gefahr von Krankheiten epidemischen Ausmaßes ausgesetzt wurden.

Derartige Angriffe lassen auf ein Kriegsziel jenseits des legitimen Ziels der »Restauration plus« schließen: der Befreiung Kuwaits sowie der Niederlage und Schwächung der irakischen Militärmacht. Das zusätzliche, obwohl nie öffentlich anerkannte Ziel war vermutlich der Sturz der Baath Partei, die sich nicht nur als unfähig erweisen sollte, ihre Eroberung zu verteidigen, sondern auch ihr eigenes Volk zu schützen. Aber so unrecht wie das Ziel waren auch die Mittel.

Selbst wenn der Sturz des Regimes gerechtfertigt gewesen wäre, war es uns nicht erlaubt, ihn durch diese grausame, indirekte Strategie zu betreiben, nämlich durch die Erschütterung der irakischen Gesellschaft, durch den Versuch, ihre Angehörigen in einen verzweifelten Aufstand zu treiben. Besser wäre es gewesen, in Bagdad einzumarschieren. Ein exilierter irakischer Dissident schrieb unmittelbar nach dem Krieg, wir seien nun, da wir die irakische Gesellschaft in ihren Grundfesten erschüttert hätten, auch verpflichtet, nach Bagdad vorzustoßen und eine demokratische Regierung einzusetzen, die zum Wiederaufbau der Gesellschaft fähig wäre. Ich bestreite nicht, daß erhebliche Verpflichtungen aus unrechten Kriegshandlungen erwachsen. Das Problem in diesem besonderen Beispiel ist die entsetzliche Irrationalität des Unterfangens. Ein Erfolg war ohnehin unwahrscheinlich, und die Zahl der Todesopfer wäre wohl sehr hoch ausgefallen.

Auch andere Aspekte der Kriegführung fordern zur Kritik heraus und wurden auch scharf angegriffen, allen voran der Einsatz einer furchterregenden neuen Waffe, der Benzinbombe, gegen irakische Soldaten sowie die Luftangriffe in den letzten Kriegstagen gegen eine Armee, die sich nicht nur auf dem Rückzug befand, sondern in heilloser Auflösung floh. Nach meinem Verständnis ist die Lehre vom gerechten Krieg nicht ohne weiteres auf solche Fälle anwendbar, bei denen nur Soldaten attackiert werden. Fliehende Soldaten gelten anders als solche, die sich zu ergeben versuchen, für gewöhnlich als legitime Ziele: Sie könnten hoffen, den Kampf bei anderer Gelegenheit wieder aufzunehmen. Die irakischen Soldaten, denen die Flucht gelang, kämpften tatsächlich wieder bei einer anderen Gelegenheit: nämlich gegen ihre aufständischen Mitbürger. Die Vertreter der Verhältnismäßigkeit müssen sich hier eine weitere Frage stellen: Hätten wir die sich zurückziehenden irakischen Soldaten töten sollen, damit sie später nicht womöglich über irakische Rebellen herfallen? Nach den üblichen Argumenten der Lehre vom gerechten Krieg ist die Bombardierung der Hals über Kopf fliehenden Soldaten aus Kuwait klar zu verurteilen, da die sich zurückziehende Armee keine Bedrohung mehr darstellte, *außer* für die eigenen Leute.

Aber dieser letzte Punkt wird unserem Unbehagen angesichts des Schauspiels jener letzten Kriegsstunden nicht gerecht, und auch nicht unserer Erleichterung, als Präsident Bush, für einige seiner Generäle zu früh, den Beschuß einzustellen befahl. Gerechtigkeit ist nicht das Ganze der Moral. Man mag das Töten im Krieg, selbst in einem gerechten Krieg verwerfen, wenn es zu leicht geht. »Bloßes Abknallen« wird man nicht mehr als Kampf zwischen Kombattanten verstehen können. Wenn die Welt nur noch aus zwei Klassen besteht, aus jener, die Bomben wirft, und jener, die bombardiert wird, wird es moralisch heikel, mag dieses oder jenes Bombardement auch zu rechtfertigen sein.

Einige Kriegshandlungen lassen sich immer noch verteidigen, andere einhellig verurteilen. Auch kann die politische und militärische Führung sich nicht der Verantwortung entziehen, indem sie behauptet, die verwerflichen Handlungen seien irgendwie Teil des Krieges selbst und unvermeidlich, sobald der Kampf begonnen habe. Tatsächlich bedurfte es zu jedem Zeitpunkt einer spezifischen und unabhängigen Entscheidung der Militärstrategen, die am runden Tisch debattierten, wie der nächste Schritt aussehen muß; und dann hatten sich noch die Politiker an einem anderen Tisch zu versammeln, über die Empfehlungen der Strategen zu debattieren und zu einer Entscheidung zu kommen. Man braucht nicht viel Phantasie, um sich den Golfkrieg ohne den Angriff auf die Infrastruktur des Irak vorzustellen. Ja, man könnte sagen, der Witz der Lehre vom gerechten Krieg ist es gerade, diese Phantasieanstrengung zur Pflicht zu machen.

IV

Aber wenn wir uns andere Versionen der Welt vorstellen als die, die wir gerade erlebt haben, warum sollten wir uns dann nicht eine Welt ohne Krieg denken? Das Lamm neben dem Löwen liegend: Das ist nicht nur oder vor allem ein pazifistischer oder messianischer Traum. In einer ihrer Spielarten würde die Lehre vom gerechten Krieg ebenfalls den Krieg durch die (theoretisch) simple Methode abschaffen, daß ungerechte Kriege in »Verbrechen« und gerechte in »Polizeiaktionen« umgetauft werden. Das ist ein hübsches Beispiel für das, was die Chinesen »die Berichtigung der Namen« nennen, doch in der Praxis setzt es einen gründlichen Wandel der internationalen Gesellschaft voraus. Bevor es Polizeiaktionen geben kann, muß es eine Polizei geben, und bevor es eine Polizei geben kann, muß es eine Weltautorität geben, die fähig ist, eine Polizeimacht zu organisieren und einzusetzen. Die Vereinten Nationen besitzen diese Fähigkeit nicht, noch fallen mir irgendwelche ihrer Mitglieder ein, die bereit wären, ihr eine Polizeimacht zuzuordnen, vergleichbar der Bündnisarmee, die sich im Golfkrieg zusammenfand. Eine solche Macht wäre im Prinzip nicht mit gemischten Motiven belastet: Die Polizei sorgt für Recht und Ordnung und verfolgt das Verbrechen, dazu und für nichts anderes soll sie da sein. In der Praxis sieht es freilich anders aus. Die Polizei schaut mitunter durch die Finger und wird, ebenso wie Armeen, dazu benutzt, noch viele andere Dinge zu tun. Eine Weltautorität, die ein Gewaltmonopol für sich beansprucht, wäre nicht weniger bedrohlich als ein Imperium.

Statt dessen haben wir eine Organisation, die ihre Mitglieder bevollmächtigt, Gewalt zu gebrauchen (der Koreakrieg war der Vorläufer, der Golfkrieg nur der zweite Fall), selbst aber keine ausübt. Da jeder Staat das Recht hat, einem Opfer der Aggression zu Hilfe zu eilen, fügt die Bevollmächtigung wenig zum moralischen oder sogar rechtlichen Grund hinzu. Mag sein, daß sie einer politischen und pädagogischen Aufgabe nachkommt: Wenn der Sicherheitsrat der Vereinten Nationen die Behauptung unterstützt, ein von seinen Nachbarn überfallenes Land sei in der Tat Opfer einer Aggression geworden, erleichtert dies Beistandsaktionen, und wenn der Sicherheitsrat die Invasion verurteilt, bringt er damit eine allgemeine Mißbilligung zum Ausdruck, was einen gewissen Abschreckungseffekt haben mag. Aber ob der Sicherheitsrat in diesem Sinne tätig wird, ist bestenfalls ungewiß. Das Räderwerk der Vereinten Nationen funktionierte im Falle der Kuwaitis so gut, wie man nur hoffen konnte, für das Volk Tibets wie für viele andere setzte es sich nicht in Gang. Und selbst wenn es wie geschmiert läuft, sind Selbsthilfe, gegenseitige Unterstützung und kollektive Sicherheit einer älteren Art noch stets notwendige Merkmale des Kampfes gegen Aggression.

Zweifellos wäre es eine gute Sache, wenn jeder Akt der Aggression von den Vereinten Nationen verurteilt würde, und seitens eines Bündnisses, wenn möglich auf politischen und wirtschaftlichen und, wenn notwendig, auf militärischen Widerstand stieße. Tatsächlich wird das nur manchmal geschehen, dann nämlich, wenn genügend Staaten ihre eigenen Gründe haben, für eine Verurteilung zu votieren und sich dem Bündnis anzuschließen. Ein Grund, sich gegen den Widerstand auszusprechen, ist das allerdings nicht. Es geht nicht an, daß wir um der moralischen Konsistenz willen die Kuwaitis im Stich lassen, weil wir schließlich auch den Tibetern nicht geholfen haben. Gesellschaftskritiker müssen auf einer konsistenten Politik insistieren, was bedeutet, daß die Lehre vom gerechten Kritik mit ihren Definitionen von Aggression, Selbstverteidigung und gegenseitiger Hilfe unparteiisch auf die ganze Staatengemeinschaft anzuwenden ist, auf ihre eigenen Staaten so gut wie auf alle anderen. Kein Zweifel: Diese

Anwendungen wären attraktiver, wenn sich Grenzen für ihre praktischen Mittel und Zwecke ziehen ließen, damit sichergestellt ist, daß die gerechtfertigten Kriege auch moralisch geführt werden. Staaten sind in diesem wie in anderen Punkten unzuverlässig, und deshalb bleibt der Streit über Krieg und Gerechtigkeit eine politische und moralische Notwendigkeit.

Kosovo: Der NATO-Bombenkrieg in Jugoslawien

Während der Niederschrift dieses Artikels wirft die NATO weiter Bomben auf Jugoslawien ab, und die Serben setzen ihr Zerstörungswerk im Kosovo fort. Ja, die Kampagne der Serben muß bereits vor Beginn des Bombardements geplant worden sein; die Logistik für die Verlegung von vierzigtausend Soldaten ist schließlich höchst komplex. In einigen Teilen des Kosovo war die grausige Wirklichkeit der ethnischen Säuberung schon vor dem Beschluß sichtbar, die Serben mit Raketen und »intelligenten« Bomben anzugreifen. Nimmt man die serbische Vergangenheit in Bosnien, das Zusammenziehen von Soldaten an den Grenzen zum Kosovo und die bereits auf der Flucht befindlichen Kosovo-Albaner hinzu, scheint mir das militärische Eingreifen nicht nur gerechtfertigt, sondern auch geboten. Dennoch sind die seither erfolgten brutalen Vertreibungen im Kosovo in gewissem Sinne eine Antwort auf die Luftkampagne der NATO, und die Eile, mit der sie durchgeführt wurden, ist ganz offensichtlich eine Reaktion, eine Anstrengung, Fakten auf dem Boden zu schaffen, bevor – wie Milosevic anscheinend glaubt – die NATO ihr Bombardement einstellt und wieder Verhandlungen aufnimmt. Die ethnische Säuberung ist vollkommen mit der Luftkampagne zu vereinbaren, ja sie ist zum Teil ihre Folge.

Welche Erwartungen die NATO-Kommandeure letzten März hegten, entzieht sich meiner Kenntnis; der Mann auf der Straße in Amerika und Europa wurde sicherlich in dem Glauben bestärkt, daß die Bombardements das Problem sehr schnell lösen würden. Wieder einmal zeigt sich, daß unser Glaube an die Luftwaffe eine Art Idolatrie ist, wir verherrlichen die Macht unserer eigenen Erfindungen. Die Wahrheit aber ist dieselbe wie vor ihrer Erfindung: Soldaten mit Gewehren, die in einem Bergdorf von Haus zu Haus gehen, können nicht mit »intelligenten« Bomben daran gehindert werden. Nur Soldaten mit Gewehren können ihnen entgegentreten.

Doch die an der NATO-Intervention beteiligten Länder haben sich zumindest bis jetzt darauf verständigt, keine Soldaten mit Gewehren zu schicken. Die Zusage galt natürlich nicht Milosevic, sondern den Bürgern aller NATO-Länder: Wir werden eure Kinder nicht in den Kampf schicken. Vermutlich war das eine politische Voraussetzung der Intervention, und erst nachdem mehr als ein Monat des Bombardements die Serben nicht zum Einlenken bewegt hat, versuchen die Politiker sich dem Versprechen zu entwinden. Wir haben uns politisch und moralisch verpflichtet, den Kosovo-Albanern mit unserer Technologie zu Hilfe zu eilen, und nachdem wir damit nicht schnell genug Resultate erzielten, waren wir bereit – und wie sich herausstellte, auch das nicht ganz prompt –, ihnen Brot, Decken und Verbandszeug zu schicken. Mehr als das, so erklärten wir, sei uns nicht möglich. Irgendwas läuft hier falsch, denn beide Hilfsangebote bringen nicht sehr viel. Sie erfüllen weder die Forderungen der Politik noch die der Moral.

Mag sein, daß die Bombardements Milosevic schließlich in die Knie zwingen; mag sein, daß die NATO am Ende doch beschließt, Bodentruppen zu entsenden. Die Anfangsphase der Intervention wirft jedoch eine harte Frage auf. Sind Länder mit Armeen, deren Soldaten nicht in Gefahr gebracht werden dürfen, moralisch oder politisch für eine Intervention qualifiziert? Wie können wir es wagen, selbst wenn die Sache gerecht und die Absichten gut sind, militärische Mittel in einem anderen Land einzusetzen, solange wir nicht bereit sind, mit den unbeabsichtigten Folgen unseres Tuns fertig zu werden? Ich gehe davon aus, daß das ganze Ausmaß der ethnischen Säuberung hätte verhindert werden können, wenn wir im Februar oder März deutlich bereit gewesen wären, mit Bodentruppen im Kosovo einzumarschieren. Doch das ist zu einfach. Abschreckung allein genügt nicht, die Drohung muß glaubhaft sein, und ob irgendeine westliche Demokratie eine glaubhafte Drohung ergehen lassen kann, ist im Moment unklar. Unsere Armeen sind nicht, oder nicht so leicht, einsatzfähig. Dafür gibt es gute demokratische Gründe, sogar solche der Gleichheit. Ganz offensichtlich wird die nationale Sicherheit der USA nicht durch das Geschehen im Kosovo tangiert (noch die Sicherheit irgendeines anderen europäischen Staates, doch ich will bei den USA bleiben), und deshalb kann man die Bürger nicht zur Verteidigung von Heim und Herd aufrufen. Früher, in anderen Ländern wurden Kriege von den unteren Ständen oder von Söldnern an weit entfernten Orten geführt, also von Leuten ohne politisches Gewicht. Zwar sind die Vereinigten Staaten immer noch, ja zunehmend eine Gesellschaft krasser Ungleichheit, aber dennoch ist kein Vater und keine Mutter eines Soldaten ohne politischen Einfluß. Das ist ein Vorteil für Amerikaner, denn unsere Politiker können es sich nicht leisten, Soldaten in den Krieg zu schicken, ohne das Land davon zu überzeugen, daß er moralisch oder politisch notwendig ist und ein Sieg den Tod amerikanischer Männer lohnt. Es gibt jedoch einen leichteren Weg für dieselben Politiker. Sie können einen Krieg führen, ohne überhaupt Armeen einzusetzen. Damit erübrigt es sich, das Land von der Notwendigkeit des Krieges überzeugen zu müssen. Ein leichterer Weg gewiß, doch leider führt er zu einer moralischen Anomalität: Eine neue und gefährliche Ungleichheit tritt in Erscheinung.

Offensichtlich sind wir bereit, serbische Soldaten zu töten; wir schrecken nicht vor den beschönigend sogenannten »Kollateralschäden« für serbische und albanische Zivilisten im Kosovo zurück. Aber wir scheuen uns, amerikanische Soldaten in die Schlacht zu schicken. Nun, ich habe keine Vorliebe für Schlachten und nichts gegen die Verpflichtung demokratisch gewählter Politiker einzuwenden, das Leben ihres eigenes Volkes, jedes Einzelnen, zu schützen. Nur ist das keine moralisch akzeptable Position. *Man kann nicht töten, ohne daß man selbst bereit ist zu sterben.* Das ist ohne Zweifel ein harter Satz, vor allem weil seine beiden Pronomen nicht denselben Bezug haben –

wie bei Albert Camus, der ihn in einem Stück über Attentäter zum ersten Mal formulierte: Das erste »man« bezieht sich auf die Befehlshaber der NATO, das zweite auf die Kinder gewöhnlicher Bürger. Dennoch können diese Politiker keine Kampagne führen, in der nicht nur serbische Soldaten, sondern sicherlich auch andere ums Leben kommen, solange sie nicht bereit sind, auch das Leben ihrer eigenen Soldaten aufs Spiel zu setzen. Sie können versuchen, ja sie müssen es, die Risiken so klein wie möglich zu halten. Was sie nicht behaupten können und was wir nicht akzeptieren dürfen, ist, daß das Leben dieser entbehrlich ist, das Leben jener aber nicht.

Steht ein Haus in Flammen und befinden sich noch Leute darin, müssen die Feuerwehrleute ihr Leben einsetzen, um sie herauszuholen. Darin besteht nun einmal ihre Aufgabe. Aber es ist nicht unser Haus, es sind nicht unsere Leute. Warum sollten wir da unsere Feuerwehr schicken? Amerikaner können doch nicht die Feuerwehr der Welt spielen.

Das Argument ist uns vertraut, und es entbehrt ja auch nicht einer gewissen Plausibilität, selbst wenn es oft von Leuten vorgebracht wird, die überhaupt nicht zu glauben scheinen, daß man ein Feuer austreten muß. Vor allem aus dem Munde von Linken ist es oft, nicht nur in Amerika, zu hören, und ganz besonders ihnen möchte ich antworten. Tatsächlich hätte man Milosevic schon vor Jahren aufhalten müssen, damals als die ersten Berichte über ethnische Säuberungen in Bosnien laut wurden. Und es wäre Sache der Europäer gewesen, das zu tun. Der Balkan ist ein europäischer Unruheherd. Einst etablierte sich dort das österreich-ungarische Kaiserreich. Die Deutschen führten Krieg in Jugoslawien, die Italiener besetzten Albanien, die Engländer versorgten Titos Partisanen mit Waffen. Der Balkan hat eine lange Geschichte von militärischen Interventionen und diplomatischen Ränken hinter sich. Europa als Militärmacht ist heute jedoch nur als Verbündeter der USA denkbar. Eine ewige Wahrheit ist das nicht, und Leute, die an einen internationalen Pluralismus und ein Gleichgewicht der Kräfte glauben, können nur hoffen, daß es zu einer unabhängigen Europäischen Union mit einer eigenen Armee kommt, die dann auch selbständig agieren kann. Beim heutigen Stand der Dinge wird es jedoch keine Intervention im Kosovo ohne ein starkes amerikanisches Engagement geben. Man kann darüber streiten, wie Milosevic am besten aufzuhalten ist, nicht aber darüber, wer dazu fähig ist.

Das macht uns noch lange nicht zur Feuerwehr der Welt. Es waren die Vietnamesen, die Pol Pot in Kambodscha stürzten, die Tansanier, die Idi Amin in Uganda absetzten, die Inder, die das Morden in Ostpakistan beendeten, die Nigerianer, die in Liberia einmarschierten. Manchmal handelt es sich dabei um eigenmächtige Militäraktionen, manchmal, wie etwa bei der nigerianischen Intervention und nun der Kampagne im Kosovo, sind sie von regionalen Bündnissen legitimiert. Viele Linke sehnen sich nach einer Welt, in der die Vereinten Nationen, und nur sie, in allen derartigen Fällen die Initiative ergreifen. In Anbetracht der oligarchischen Struktur des Sicherheitsrates sollte man sich nicht auf diesen verlassen: In fast allen Fällen auf meiner Liste wäre eine UNO-Intervention auf das Veto eines der Oligarchen gestoßen. Auch bin ich keineswegs davon überzeugt, daß die Welt besser damit fährt, wenn nur eine Organisation für internationale Rettungsaktionen existiert. Die Männer und Frauen in dem brennenden Haus sind vermutlich besser dran wenn sie mehr als eine Feuerwehrmannschaft herbeirufen können.

Das Wichtigste für die Zukunft der Linken ist, daß unsere Leute, unsere Aktivisten und Freunde rund um die Welt die Brände ja nicht verharmlosen: Sie sind bewußt gelegt, das Werk von Brandstiftern, zum Töten bestimmt, grauenhaft gefährlich. Natürlich hat jeder Brand einen komplexen sozialen, politischen und wirtschaftlichen Hintergrund. Natürlich wäre es nicht übel, wenn wir sämtliche Faktoren verstünden. Doch sobald es brennt, müssen wir nicht mehr alles verstehen. Dann kommt es einzig darauf an: auf einen entschlossenen Willen, das Feuer auszutreten, Feuerwehrleute zu finden, wenn möglich in der Nähe, und ihnen die nötige Unterstützung zu geben. Aus der moralischen, politischen Perspektive interessiert es überhaupt nicht, daß dieses Feuer nicht mich und die Meinen bedroht. Ich kann nicht einfach die Hände in den Schoß legen und zusehen. Herumsitzen und zusehen endet in einer Form der moralischen Korruption, der zu widerstehen Linke – aber auch andere – allen Grund haben.

Die vier Kriege in Israel/Palästina

I

Die großen Vereinfacher geben sich zwar alle Mühe, aber Israel/Palästina war noch nie ein freundliches Milieu für sie, und heute ist es besonders unfreundlich. Sie können gar nicht anders, als moralisch und politisch auf ein falsches Gleis geraten, und das ist, angesichts dessen, was auf dem Spiel steht, von großem Übel. Im Nahen Osten findet nicht ein Krieg statt, es gibt mehr als einen Gegensatz von wahr und falsch, gerecht und ungerecht. Mittlerweile werden vier israelisch-palästinensische Kriege ausgetragen.

Der erste ist ein palästinensischer Krieg mit dem Ziel, den Staat Israel zu vernichten.

Der zweite ist ein palästinensischer Krieg mit dem Ziel, neben Israel einen unabhängigen Staat zu schaffen und die Besetzung des Westjordanlandes und des Gazastreifens zu beenden.

Der dritte ist ein israelischer Krieg mit dem Ziel, Israel in den Grenzen vor 1967 zu sichern.

Der vierte ist ein israelischer Krieg für ein Großisrael, die Siedlungen und die besetzten Gebiete.

Welcher Krieg wann ausgetragen wird, ist nicht einfach zu sagen; in gewissem Sinn laufen alle vier gleichzeitig ab. Auch sind sie kontinuierlich, selbst wenn die Kämpfe ruhen, gehen die Kriege weiter, so als wollten sie Thomas Hobbes' Definition bestätigen: »Ein Krieg nämlich besteht nicht nur aus der Schlacht oder dem Kampf, sondern aus der Zeitspanne, in der ein deutlich bekundeter Wille herrscht, den Konflikt militärisch auszutragen.« In der ganzen Zeit der Osloer

Friedensverhandlungen führten einige Palästinenser und Israelis den ersten und vierten dieser Kriege oder waren zumindest darauf eingeschworen (und ihr Kampfwille war hinreichend bekannt, so daß man darauf reagieren konnte). Die jetzige Entscheidung, den Kampf wieder aufzunehmen, wurde im September 2000 von den Palästinensern getroffen; seitdem sind alle vier Kriege aktiv geführt worden.

Verschiedene Leute kämpfen jeden der vier Kriege gleichzeitig, Seite an Seite, obwohl der Schwerpunkt insgesamt zu verschiedenen Zeiten unterschiedlich ausfällt. Unsere moralischen und politischen Urteile haben diese Komplexität widerzuspiegeln. Für sich genommen sind zwei der Kriege gerecht und zwei ungerecht. In der »realen Welt« aber treten sie nicht voneinander getrennt auf. Um der Analyse willen können wir zunächst einen nach dem anderen betrachten, doch das ist nicht das letzte Wort.

1. Der Krieg gegen Israel: Dieser Krieg wird jedesmal »erklärt«, wenn ein Terrorist israelische Zivilisten angreift. Meiner Meinung nach verkündet der Terrorismus immer, daß das Leben der Leute, die er zur Zielscheibe willkürlicher Morde macht, nichts wert ist: irische Protestanten in den Hochzeiten der IRA, Europäer in Algerien während die FLN um die Unabhängigkeit kämpfte, Amerikaner am 11. September. Was immer einzelne Terroristen über ihre Tätigkeiten sagen, der Welt und vor allem ihren Opfern wollen sie damit etwas Radikales und Schreckliches mitteilen: Ihre Politik heißt Massaker, Beseitigung, Umsturz und Unterwerfung. Was Terrorismus ist, begreift man nicht, solange man darin eine Verhandlungsstrategie sieht. Er will einen vollständigen Sieg, eine bedingungslose Kapitulation. Die Flucht von anderthalb Millionen Europäern aus Algerien war genau die Art von Sieg, die Terroristen anstreben. (Man sollte nicht vergessen, daß die FLN und ihr Kampf sich der Unterstützung von Terroristen in Europa erfreut hat.)

Israels jüdische Bürger müssen annehmen, daß etwas Ähnliches von den palästinensischen Terroristen heute gewollt wird: das Ende des jüdischen Staates, die Vertreibung der Juden. Die Hetztiraden, die Predigten in palästinensischen Moscheen, die Begräbnisse, bei denen des »Märtyrertodes« der Selbstmordattentäter gedacht wird, die Parolen auf politischen Demonstrationen, die Verherrlichung der Terroristen als Helden in den Schulen der palästinensischen Autonomiebehörde: Das alles spricht eine deutliche Sprache, und die führenden Terroristenorganisationen, Hamas und Islamischer Djihad, lassen auch keinen Zweifel an ihren Intentionen aufkommen. Aber kann man es als Ziel der palästinensischen Befreiungsbewegung im ganzen bezeichnen? Ist das Arafats eigentliche Absicht? Ihn zu deuten, fällt nicht leicht; er glaubt vielleicht, er spanne die Terroristen vor seinen Karren; möglicherweise hofft er, sie eines Tages töten oder ins Exil schicken zu können. Genau das hat ja auch die algerische Regierung nach der gewonnenen Unabhängigkeit mit ihren Terroristen gemacht. Was immer er letztlich vorhaben mag, eines ist klar, jetzt im Augenblick unterstützt er den Terrorismus oder ist zumindest sein Komplize. (Eine Randbemerkung für die europäischen Kritiker Ariel Scharons: Nach allgemeinem Dafürhalten, auch der palästinensischen Oppositionellen, ist Arafat mehr in die Kampagne der Terroristen verstrickt als Scharon in das Massaker von Sabra und Schatilla. Seine Distanzierungsgesten, die gelegentlichen Festnahmen und die oberflächlichen Verurteilungen nach jedem Attentat haben schon lange ihre Glaubwürdigkeit verloren: Arafat kann sich nicht darüber wundern, daß der normale Israeli sich zutiefst bedroht fühlt. Dieser erste Krieg ist ein realer Krieg, auch wenn es im Moment so aussieht, als sei es ein verlorener Krieg mit schrecklichen Folgen für das palästinensische Volk, und selbst wenn einige (oder viele) Palästinenser glauben, sie kämpften einen anderen Krieg.

2. Der Krieg für einen unabhängigen Staat: Das ist der Krieg, von dem linke Sympathisanten in Europa und Amerika normalerweise behaupten, er würde von den Palästinensern geführt, weil sie meinen, eben diesen Krieg müßten sie führen. Einige (oder viele) tun es ja auch. Die Palästinenser brauchen einen Staat; sie brauchen einen Staat, der sie gegen Ägypten (im Gazastreifen) und gegen Jordanien (im Westjordanland) schützt; und seit 1967 brauchen sie einen Staat, der sie vor Israel schützt. Daran zweifle ich keineswegs, auch nicht

daran, daß die Palästinenser ein Recht auf den von ihnen benötigten Staat haben; nur bin ich auch der Meinung, daß die ursprüngliche Besetzung des Westjordanlandes und des Gazastreifens gerechtfertigt war. 1967 führten die Araber einen Krieg der ersten Art auf meiner Liste: Es ging um die Existenz Israels. Damals gab es keine Besetzung. Ägyptische Publizisten sprachen unverhüllt davon, daß man die Juden »ins Meer treiben« müsse. Die Gebiete, die Israel nach seiner siegreichen Verteidigung kontrollierte, sollten – so die Regierungschefs jener Tage – als Verhandlungsunterpfand für einen zukünftigen Frieden dienen. Als die Regierung aber statt dessen den Bau von Siedlungen jenseits der alten Grenze (der grünen Linie) förderte und unterstützte, verlieh sie der für eine Befreiung kämpfenden Widerstandsbewegung Legitimität. Je länger die Besetzung anhielt, je mehr Siedlungen aus dem Boden schossen und sich ausbreiteten, je mehr Land enteignet und Wasserrechte angeeignet wurden, um so stärker wurde die Bewegung. Es lohnt sich, daran zu erinnern, wie friedlich die Besetzung in der ersten Zeit ablief, wie wenig Soldaten dazu nötig waren, als beide Seiten sie noch für vorübergehend hielten, und Krieg Nummer eins eindeutig niedergeschlagen war. Zehn Jahre später bestritt Premierminister Begin, daß es so etwas wie »besetzte Gebiete« gebe, das ganze Land sei das Land Israels. Die Regierung übernahm die Ideologie der Eroberung und Besiedelung. Nun, da man sie nicht mehr so nannte, wurde die Besetzung sehr viel beschwerlicher, sehr viel unterdrückender als in der Zeit, wo man sie beim richtigen Namen nannte.

Daher ist es ohne Zweifel ein legitimes Ziel der palästinensischen Kämpfer, einen eigenen Staat zu schaffen, unabhängig von Israel, aber auch von Ägypten und Jordanien zu sein. Die erste *Intifada* mit ihren steinewerfenden Kindern schien der Kampf für einen solchen, nur das Westjordanland und den Gazastreifen umfassenden Staat zu sein, um eben das Land, auf dem die Kinder lebten. Man wird nicht eben sagen können, daß es sich dabei um einen nicht gewalttätigen Kampf handelte – obwohl Leute, die nicht genau hinschauten, ihn manchmal so beschreiben –, aber er zeugte von Disziplin und hohem

Kampfgeist. Auch schienen seine Befürworter die Grenzen ihres Kampfes anzuerkennen: Es war nicht beabsichtigt, die Israelis auf ihrer Seite der grünen Linie, dort wo die meisten lebten, zu bedrohen. Genau deshalb brachte die Intifada den Friedensprozeß erfolgreich voran, obwohl die palästinensische Führung, wie mir scheint, es später unterließ, die Früchte ihres Erfolgs zu pflücken.

Die neue Intifada, die im Herbst 2000 begann, ist ein gewalttätiger Kampf, und sie beschränkt sich nicht auf die besetzten Gebiete. Dennoch erwecken die Interviews, die Journalisten mit vielen Kämpfern geführt haben, immer noch den Anschein, als ginge es dabei nur um ein Ende der Besetzung und den Stop des Siedlungsbaus. Ihr Ziel, so heißt es, ist ein unabhängiger Staat neben Israel. Dieser zweite Krieg ist also ebenfalls ein wirklicher Krieg, obgleich undeutlich bleibt, ob Arafat sich ihm verpflichtet fühlt. Will er, was zumindest einige aus seinem Volk sicherlich wollen, nämlich einen kleinen Staat neben einem kleinen – doch nicht ganz so kleinen – Staat Israel? Möchte er sich im Glanz des heroischen Kampfes um die alltägliche Mühsal der Staatsgründung sonnen? Will er sich um die Wasserversorgung in Jericho und die Entwicklung eines Industriegebiets in Nablus kümmern? Ist die Antwort darauf »ja«, dann sollten wir alle hoffen, daß Arafat bekommt, was er sich wünscht. Das Fatale ist nur, daß viele Israelis, die seine Hoffnung, falls sie überhaupt noch etwas hoffen, teilen, nicht glauben, daß die Antwort »ja« ist, und auch nicht viel Grund dazu haben.

3. Der Krieg für Israels Sicherheit: Wieviel israelische Soldaten meinen, sie führten diesen Krieg, ist nicht deutlich, doch sicherlich ist ihre Zahl sehr hoch. Die Einberufung der Reservisten, die den israelischen »Einmärschen« in die Städte und Orte des Westjordanlandes im März/April 2002 vorausgingen, hatte ein erstaunliches Ergebnis. Normalerweise beruft die Armee zweimal soviel Soldaten ein, wie sie tatsächlich benötigt. Die alltäglichen Lasten des bürgerlichen Lebens – kranke Kinder, gebrechliche Eltern, Prüfungen, Schwierigkeiten im Büro – werden als Entschuldigung akzeptiert. Eine Menge von Reservisten findet sich daher gar nicht ein. Im März 2002 meldeten sich

jedoch mehr als 95%. Diese Leute glaubten nicht, sie würden für die besetzten Gebiete und die Siedlungen kämpfen, sämtliche Meinungsumfragen zeigen, daß dagegen eine massive Abneigung herrscht. Sie waren vielmehr davon überzeugt, daß sie für ihr Land, oder besser, für ihre Sicherheit und ihr Überleben in ihrem Land kämpften. Die Tatsache, daß sich 95% meldeten, war eine unmittelbare Folge der terroristischen Angriffe. Natürlich ist es denkbar, daß Ariel Scharon sich die Angst vor dem Terrorismus zunutze machte, um einen anderen Krieg zu führen als den, in dem die Soldaten zu kämpfen meinten. Dennoch: An welchen Krieg Scharon auch immer gedacht haben mag, ein beträchtlicher Teil der israelischen Armee verteidigte das Land gegen die terroristische Bedrohung. Der dritte Krieg ist ein wirklicher Krieg und ein moralisch sehr wichtiger: eine Verteidigung von Heim und Herd im unmittelbaren Sinne. Doch Heim und Herd einiger Israelis befinden sich auf der falschen Seite der grünen Linie, dort, wo ihre Verteidigung ein moralisches Problem darstellt.

4. Der Krieg um die besetzten Gebiete: Rechtsgerichtete Kreise in Israel fühlen sich entschieden diesem Krieg verpflichtet, doch auf wieviel Unterstützung im Land sie rechnen können ist (wiederum) unklar. In Camp David meinte Premierminister Barak, er würde ein Referendum für einen nahezu vollständigen Rückzug mit Sicherheit gewinnen, wenn das zu einer Verhandlungslösung des ganzen Konflikts beitrüge. Ein durch den Druck der Terroristen zustande gekommener Rückzug stößt vermutlich nicht auf ähnlich breite Zustimmung, doch das sagt uns nichts über das Ausmaß der Unterstützung für die Besetzung und die Siedlungen; es sagt uns nur, daß der palästinensische Terrorismus ein Desaster für die israelische Linke ist. Angesichts des Terrors ist es ihr unmöglich, Widerstand gegen die Siedlungen zu mobilisieren. Sie muß erfahren, daß sie an Einfluß einbüßt. Ihre potentiellen Anhänger werden zunehmend skeptischer gegenüber ihrer zentralen These: Der Rückzug aus den Gebieten würde einen wirklichen Frieden bringen. Diese Skepsis ebnet rechtsgerichteten Politikern den Weg zur Verteidigung der Siedlungen, die, wie sie erklären, sich nicht von den Städten und Orten auf der israeli-

schen Seite der grünen Linie unterscheiden: Wenn wir nicht um Ariel und Efrat (jüdischen Niederlassungen im Westjordanland) kämpfen, werden wir um Tel Aviv und Haifa kämpfen müssen.

Der Kampf um Ariel und Efrat sorgt aber mit Sicherheit dafür, daß es keinen wirklichen Frieden geben wird. Denn die Siedlungsbewegung erfüllt dieselbe Funktion wie die Terrororganisationen. Ich muß aber schnell hinzusetzen: nicht in *moralischer* Hinsicht. Die Siedler sind keine Mörder, selbst wenn es unter ihnen eine kleine Gruppe von Terroristen gibt. Doch die Botschaft, die von der Tätigkeit der Siedler den Palästinensern übermittelt wird, ist dieselbe wie jene, die vom Terrorismus den Israelis übermittelt wird: Wir wollen, daß ihr weg geht – einige rechte Parteien in Israel, auch solche die in Scharons Regierung vertreten sind, befürworten öffentlich eine Politik der »Umsiedlung« –, oder wir wollen, daß ihr in eurem eigenen Land den Mund haltet. Das Ziel der Siedler ist ein Großisrael, und das würde bedeuten, einen Staat Palästina kann es nicht geben. (Nur) In diesem Sinn sind sie wie die Terroristen: Sie möchten den ganzen Kuchen. Sie sind bereit, dafür zu kämpfen, und einige Israelis glauben wohl, daß sie genau das gerade tun. Der vierte Krieg ist ein wirklicher Krieg. Der Beschluß des Likud im Mai 2002, jede zukünftige israelische Regierung daran zu hindern, einem Staat Palästina zuzustimmen, läßt auf eine starke Entschlossenheit schließen, die Besetzung fortzuführen und die Siedlungen zu erweitern. Dennoch vermute ich, daß die im März einberufenen Reservisten oder jene, die jetzt (im Juli) durch palästinensische Städte patrouillieren, nicht bereit wären, für jene Ziele zu kämpfen, wenn sie glaubten, das sei der einzige von ihnen geführte Krieg.

Rabin und Barak, die beiden Premierminister der gemäßigten Linken, begingen den schweren Fehler, sich nicht von Anfang an energisch gegen die Siedlerbewegung zu stellen. Sie glaubten, leichtes Spiel mit den rechten Propagandisten eines Großisrael zu haben, wenn sie bis zum Ende des Friedensprozesses warteten. In der Zwischenzeit schlossen sie Kompromisse mit dem rechten Lager und ließen es zu, daß die Zahl der Siedler stetig zunahm. Hätten sie statt dessen den Siedlungsbau eingefroren und ein paar abgelegene Siedlungen niederreißen lassen, so hätten sie zwar einen Streit provoziert, aus dem sie aber, da bin ich mir sicher, am Ende als Sieger hervorgegangen wären. Und dieser Sieg wäre endgültig gewesen. Allmählich hätte eine Abwanderung der Siedlerfamilien aus den Gebieten eingesetzt. Weil sie das unterließen, waren radikale Palästinenser in der Lage, viele ihres Volkes davon zu überzeugen, daß ein Kompromiß sinnlos sei. Der Konflikt könne nur auf eine Weise enden: Entweder die Palästinenser oder die Israelis müßten gehen.

Die Rechte entgegnet darauf, die radikalen Palästinenser hätten noch nie etwas anderes geglaubt, auch schon als es noch gar keine Siedlungen jenseits der alten Grenze gegeben hätte. Das ist sicherlich wahr: Die Radikalen widersetzen sich jeder jüdischen Souveränität auf »arabischem« Boden, die grüne Linie interessiert sie nicht. Die Befürworter der Siedler, vor allem jene aus dem religiösen Lager, sind jedoch in genau derselben Weise radikal. Auch sie haben kein Interesse an der grünen Linie; sie lehnen eine arabische Souveränität auf dem Boden ab, der historisch oder durch göttliches Geschenk dem jüdischen Volk »gehört«. Der vierte Krieg will eben diese Vorstellung von Besitz durchsetzen.

II

Es muß noch etwas über das »Recht auf Rückkehr« gesagt werden, auch wenn die darauf Anspruch erhebenden Flüchtlinge, da sie meistenteils jenseits der Grenzen des alten Palästina leben, nicht unmittelbar an einem der vier Kriege beteiligt sind. Gleichwohl könnten sie das entscheidende Element in Krieg Nummer eins sein. Mit seinem Beharren, daß alles an der Frage der Rückkehr hängt, muß Arafat sich wohl zum Teil an diese Gruppe wenden, da er sich stets der Unterstützung durch die palästinensische Diaspora erfreut hat. »Rückkehr« war vermutlich der entscheidende Faktor beim Scheitern der Verhandlung von Camp David im Spätsommer 2000. Allerdings sind sich die Teilnehmer in diesem Punkt nicht ganz einig: Bestand Arafat auf der symbolischen Anerkennung des Rechts oder auf einer tatsächlichen Rückkehr? Die meisten Israelis nahmen ihn ganz wörtlich, und erklärten, eine Anerkennung dieses Rechts würde den Weg für die Rückkehr von Hunderttausenden Palästinensern ebnen, also ein Ende der gegenwärtigen jüdischen Mehrheit bedeuten. Rückkehr, so behaupten sie, heißt zwei palästinensische Staaten. Für die meisten Palästinenser ist das Symbolische das Wichtigste, während sie eine Diskussion über die Zahlen gerne zurückstellen. In Taba im Januar 2001 sprachen beide Seiten über Zahlen, und offenbar hatten sie sehr verschiedene Größenordnungen im Kopf.

Sari Nuseibeh, der Repräsentant der palästinensischen Autonomiebehörde in Jerusalem, ist der einzige Palästinenser, der behauptet, der Verzicht auf das Rückkehrrecht sei der notwendige Preis für staatliche Souveränität. Das scheint mir die richtige Position zu sein, denn das Beharren auf Rückkehr führt praktisch zum Konflikt von 1947–1948 zurück, was mehr als ein halbes Jahrhundert später nicht sehr hilfreich ist. Allen anderen Flüchtlingen aus den Jahren unmittelbar nach dem Zweiten Weltkrieg, von Mitteleuropa bis Südostasien, ist es gelungen, eine neue Heimat zu finden. Palästinenser leben noch immer in Lagern, weil ihre eigene Führung und die benachbarten arabischen Staaten es so wollten: Das war ein Weg, Israel zu zeigen, daß sein Unabhängigkeitskrieg keineswegs zu Ende ist. Doch heute müssen die Palästinenser, wenn sie ihren eigenen Unabhängigkeitskrieg gewinnen wollen, anerkennen, daß Israel den seinen schon gewonnen hat. Möglicherweise werden einige Flüchtlinge nach Israel zurückkehren, und mehr noch nach Palästina – wie viele es sein werden, hängt vom Tempo der ökonomischen Entwicklung ab. Die übrigen müssen sich schließlich woanders neu ansiedeln. Es ist an der Zeit, sich mehr um ihr tatsächliches Elend als um ihre symbolischen Ansprüche zu kümmern. Eine palästinensische Diaspora wird es weiterhin geben, so wie es auch eine jüdische geben wird. Würde Arafat diese einfache Wahrheit unumwunden anerkennen, wäre man einen großen Schritt weiter in der Zurücknahme des ersten Krieges.

III

Wie sollen wir über die vier Kriege urteilen? Wie sollen wir zu einem Urteil darüber kommen, welcher wann zu unterstützen, welcher wann abzulehnen ist? Nicht wenig hängt hier von einer noch unbeantworteten Frage ab: Wie viele Israelis, wie viele Palästinenser billigen jeden einzelnen dieser Kriege? Oder vielleicht sollten wir besser fragen: Was würde geschehen, wenn jede Seite ihren eigenen gerechten Krieg gewönne? Wenn die Palästinenser auf ihrer Seite der grünen Linie einen Staat aufbauen könnten, sähen sie dann darin – oder eine hinreichend große Mehrheit von ihnen – die Erfüllung ihrer nationalen Bestrebungen? Würden sie diese Art von Staatlichkeit als Ende des Konflikts betrachten, oder würde der neue Staat eine irredentistische Politik betreiben und die Weiterführung eines Terrorkrieges insgeheim begünstigen? Arafats Verhalten in Camp David und danach läßt vermuten: Die Antwort fällt nicht erfreulich aus. Ähnlich muß man sich fragen: Wird die israelische Verteidigung ihrer Staatlichkeit an der grünen Linie Schluß machen oder schließt das Verständnis von einem sicheren Staat – oder einem historischem Schicksal –, dem die gegenwärtige Regierung anhängt, Gebiete jenseits, sogar sehr weit jenseits ein? Scharons Verhalten, seit er an die Macht gekommen ist, läßt wenig Hoffnung auf eine positive Antwort.

Die Ereignisse in Camp David schlagen sich offensichtlich entschieden in unseren moralischen Urteilen über die beiden Seiten und die vier Kriege nieder, denn Baraks Unfähigkeit, dort ein Abkommen zu schließen, besiegelte sein Schicksal und brachte Scharon an die Macht. Arafat verweigerte einen Friedensschluß und überlebte politisch; Barak gelang es nicht, Frieden zu schließen, und verlor die nächsten Wahlen – dieser Gegensatz lehrt uns etwas über die Wählerschaft der beiden Männer. Es ist richtig, daß der Stand der Verhandlungen und die in Camp David und Taba auf den Tisch gelegten Vorschläge immer noch zur Debatte stehen. Die Leute am runden Tisch waren untereinander zerstritten. Ich verfüge nicht über private Informationen, um sie in diesen Disput einzubringen. Doch scheint es recht deutlich, daß jeder weitere Schritt im Verhandlungsverlauf die Palästinenser näher an eine Staatlichkeit und souveräne Kontrolle bringt über etwas, das nah – und mit jedem Schritt näher – an das Ganze der Gebiete herankam. Die Behauptung, daß den Palästinensern nicht mehr als eine Reihe unzusammenhängender »Bantustans« angeboten wurde, scheint falsch, ein nahezu vollständig abgerundetes Palästina – das Westjordanland und der Gazastreifen bleiben allerdings getrennte Gebiete – war zumindest in greifbarer Nähe und sogar ein wahrscheinliches Ergebnis der laufenden Verhandlungen, was immer auch in diesem oder jenem Augenblick angeboten wurde. Die Entscheidung, den Verhandlungstisch zu verlassen, eine zweite Intifada zu beginnen und zu eskalieren, ist schwer zu verstehen, vor allem, wenn wir annehmen, daß Arafat sehr wohl wußte, daß Gewalt auf seiten der Palästinenser das Ende der gemäßigten linken Regierung Baraks bedeutete. Es ist keine abwegige Schlußfolgerung, daß er einfach nicht an einem historischen Kompromiß und der Beendigung des Konflikts interessiert, oder als der entscheidende Augenblick kam, nicht darauf vorbereitet war, selbst wenn ein Kompromiß zu einem souveränen Staat im Westjordanland und dem Gazastreifen geführt hätte.

Daher die von mir vorgenommene Ordnung der vier Kriege. Ich stellte Krieg Nummer eins, die Zerstörung des Staates Israel, vor Krieg Nummer zwei, den Kampf für staatliche Souveränität in den Gebieten, da es so scheint, als hätte man die staatliche Souveränität ohne irgendeinen Krieg gewinnen können. Und den Krieg für ein Großisrael ließ ich hinter dem Verteidigungskrieg für Israels Sicherheit rangieren, da die vorherige israelische Regierung bereit war, auf territoriale »Größe« ganz zu verzichten. Bemühen sich die Palästinenser jedoch ernsthaft, die Terrororganisationen zu unterdrücken, und läßt sich die Scharon Regierung dadurch nicht dazu bewegen, ihre Haltung zu den Gebieten neu zu überdenken, müßte diese Ordnung revidiert werden. Wie dem auch sei, jedenfalls schreiten alle vier Kriege im Moment fort: Was können wir zu ihnen sagen?

Der erste Krieg muß eine Niederlage erleiden oder es muß definitiv auf ihn verzichten werden. Israels Kritiker in Europa und der UNO machten einen schrecklichen Fehler, sowohl moralisch als auch politisch, als sie nicht die Notwendigkeit dieser Niederlage erkannten. Sie haben zwar jeden einzelnen terroristischen Angriff auf israelische Zivilisten verurteilt, oft sogar mit schärferen Worten als Arafat, aber sie durchschauten die Aufeinanderfolge selbst, die Angriffe in ihrer Gesamtheit, nicht als einen ungerechten Krieg gegen die Existenz Israels, geschweige denn, daß sie einen solchen Krieg verurteilt hätten. Zu oft sind Entschuldigungen für den Terror gesucht worden, zu oft bemühte man sich, den Terror als Antwort (natürlich als entsetzliche) auf die Unterdrückung durch die Besetzung »zu verstehen«. Es mag in der Tat so sein, daß einige Terroristen durch persönliche Erfahrungen mit den Besatzungskräften oder durch ein allgemeines Bewußtsein der Demütigung motiviert sind, in einem besetzten Land zu leben. Doch viele haben auf dieselben Erfahrungen anders reagiert: Die Palästinenser – wie früher die IRA und die algerische FLN – streiten auch untereinander darüber, ob der Terror wirklich hilft und moralisch legitim ist. Die Sympathisanten der Palästinenser in Europa und anderswo sollten sich davor hüten, in diesen Streit zugunsten der Terroristen einzugreifen.

Ob der zweite Krieg für die Errichtung eines Staates Palästina gewonnen wird, hängt davon ab, daß der erste Krieg verloren oder beendet wird. Moralisch scheint mir diese Abhängigkeit über jeden Zweifel erhaben, daß sie es auch politisch ist, war nicht immer deutlich. Sollte es je im israelisch-palästinensischen Konflikt zu einer Intervention von außen kommen, müßte eines ihrer Ziele sein, die Beziehung zwischen dem ersten und dem zweiten Krieg zu klären – selbstverständlich auch die zwischen dem dritten und dem vierten. Nur wenn die Palästinenser den Israelis glaubhaft versichern können, daß der von ihnen erstrebte Staat neben Israel existieren wird, können sie einen Staat haben. An irgendeinem Punkt wird ein palästinensischer Führer – und das wird vermutlich nicht Arafat sein – sich wie Sadat im Jahr 1977 verhalten und Israel als Nachbarland im Nahen Osten begrüßen müssen. Da es Israel bereits gibt, Palästina aber nicht, würde man erwarten, daß das Willkommen aus der anderen Richtung kommt. Möglicherweise sollte es das. Irgendwann aber muß das Willkommen wechselseitig sein. Durch das Ausmaß der Terrorangriffe obliegt es jedoch nun den Palästinensern, nach einem überzeugenden Weg zu suchen, sich von der immer noch auf ihren Demonstrationen zu hörenden Parole loszusagen: »Tötet die Juden!«

Die Beziehung zwischen dem dritten und vierten Krieg ist von derselben Art wie die zwischen erstem und zweitem: Krieg Nummer vier für ein Großisrael muß verloren oder ein für allemal aufgegeben werden, wenn Krieg Nummer drei um Israel selbst gewonnen werden soll. Die Angriffe von März–April 2002 auf die Städte des Westjordanlandes und die Rückkehr israelischer Soldaten in dieselben Städte im Juni–Juli wären sehr viel leichter zu rechtfertigen, wenn kein Zweifel daran bestünde, daß sie nur ein Ziel verfolgten: Nicht die Fortsetzung der Besetzung, sondern allein die Beendigung der terroristischen Bedrohung. Solange die Palästinenser keinen Krieg gegen den Terror führen, ist es sicherlich gerechtfertigt, daß Israel es tut: Kein Staat kann es unterlassen, das Leben seiner Bürger zu verteidigen. (Dafür sind Staaten schließlich da.) Es war jedoch ein moralisch notwendiges Vorspiel zu jenem Krieg, den die Scharon-Regierung zu ihrer politischen Sache erklärt hat: die Beendigung der Besetzung und die Rückführung der Siedler (zumindest viele von ihnen, wie hoch die tatsächliche Zahl ist, wird von den Verhandlungen über die endgültigen Grenzen zwischen den beiden Staaten abhängen). Mag sein, daß Vertreter der UNO den israelischen Krieg so oder so verurteilt hätten, gleichgültig welche Ziele die Regierung zu den ihren gemacht hätte, nur könnte man dann in den Verurteilungen einen feindseligen Akt sehen – was freilich nicht mit ernsthaften moralischen Urteilen zu verwechseln ist. So aber verzerrte der heftige Streit über die nie geschehenen Massaker in Dschenin die wirkliche moralische Frage, die nicht den militärischen Kampfeinsatz an sich betraf, sondern die politische Vision der Regierung, die ihn befahl. Der Kampfeinsatz selbst scheint den Kriterien der Lehre vom gerechten Krieg nicht widersprochen zu haben, obwohl ich nicht daran zweifle, daß die Anwendung militärischer Gewalt in palästinensischen Städten der Zivilbevölkerung großes Leid verursachte und das Verhalten einiger Soldaten verwerflich war. Anscheinend kam es zu vandalistischen Exzessen. Insgesamt aber setzte die israelische Armee das Leben ihrer eigenen Leute aufs Spiel, um die Gefahren für die Zivilbevölkerung zu verringern. Der Kontrast zur Art und Weise, in der die Russen in Grozny kämpften, springt in die Augen. Anders als dort gab es trotz heftiger Feuergefechte in den palästinensischen Städten nur eine sehr kleine Zahl von Todesopfern unter den Zivilisten. Dennoch muß die Rechtfertigung der israelischen Selbstverteidigung letztlich nach der Größe des »Selbst« – nach den Grenzen des hier verteidigten Territoriums – beurteilt werden.

IV

Nahezu jeder wartet mit einem Friedensplan auf: ein Friede für die vier Kriege. All diese Friedenspläne, lassen wir einmal die jener Palästinenser und Israelis außer acht, die um den ganzen Kuchen kämpfen, sehen mehr oder weniger gleich aus. Es muß zwei Staaten geben, getrennt durch eine entlang der grünen Linie verlaufende Grenze, wobei Abweichungen auszuhandeln sind. Wie man dahin gelangt und gewährleistet, daß beide Seiten, ist dieser Zustand erreicht, auch dabei bleiben, darüber herrscht zwischen Palästinensern und Israelis sowie innerhalb beider Gruppen große Uneinigkeit. Ich kann diese Fragen nur in sehr groben Umrissen beantworten. Die allgemeinen Bedingungen liegen auf der Hand: Palästinenser müssen auf Terror verzichten, Israelis die Besetzung aufheben. In Anbetracht der gegenwärtig führenden Politiker auf beiden Seiten ist weder das eine noch das andere wahrscheinlich. Allerdings gibt es in Israel eine starke Friedensbewegung und mehrere politische Parteien, die die Besetzung aufheben wollen, und obwohl es keine vergleichbaren Bewegungen bei den Palästinensern gibt, lassen sich zumindest Anzeichen eines Widerstandes gegen die Terrorangriffe beobachten. Möglicherweise müssen denkbare Fortschritte unabhängig von den beiden Seiten erfolgen, vor allem von außerhalb der sogenannten »herrschenden Kreise«.

Im folgenden möchte ich ein heikles Argument vorbringen, von dem ich nicht ganz überzeugt bin. Ich gebe einfach wieder, was einige meiner Freunde aus der israelischen Friedensbewegung heute sagen – für die palästinensische Opposition kann ich selbstverständlich nicht sprechen. Sie meinen, es gebe nur einen Weg, Israels Bürger zu schützen und gleichzeitig die Bereitschaft zu signalisieren, zu einer leicht veränderten Version der Grenzen von vor 1967 zurückzukehren. Ein einseitiger Rückzug aus den isolierten Siedlungen im Gazastreifen und im Westjordanland würde Israels Verteidigungsposition mit einem Schlag verbessern, die von der Armee zu überwachenden Linien verkürzen und einen politischen Kampf unter den Siedlern auslösen, der – wie ich schon sagte – bereits vor Jahren hätte ausgetragen werden sollen. In der nächsten Zeit wird dieser Rückzug vermutlich eher von einem linken Programm als von der Regierungspolitik näher bedacht werden, dennoch würde er einen notwendigen Streit innerhalb Israels anstoßen und möglicherweise die palästinensische Opposition ermutigen, ihrerseits eine Auseinandersetzung zu beginnen: Sie müßten sich ernsthaft bemühen, die Terrororganisationen an die Leine zu legen, damit Israels Rückzug, sollte er schließlich erfolgen, unter den palästinensischen Militanten nicht eine Welle der Begeisterung auslöst und zu einer Reihe neuer Attentate führt. Jeder einseitige Schritt birgt diese Gefahr in sich, was nicht heißt, daß sich das Risiko nicht lohnte.

Und schließlich müssen die Befürworter des zweiten und dritten Krieges die des ersten und vierten kaltstellen. Der Weg zum Frieden beginnt mit diesen beiden inneren – aber nicht notwendig von einander getrennten – Kämpfen. Ein von amerikanischer oder amerikanisch-europäischer Seite geförderter Waffenstillstand würde den Gemäßigten auf beiden Seiten helfen, zugleich aber hängt der Erfolg des Waffenstillstands von der Stärke der Gemäßigten ab. Im Moment ist es schwierig zu beurteilen, ob die »Reform« der palästinensischen

Verwaltung sie stärken würde. Im politischen Leben kommen alle guten Dinge nie zusammen: Einige der gemäßigteren Palästinenser gehören auch zu den korruptesten, während die Selbstmordattentäter ohne Zweifel Idealisten sind. Demokratische Wahlen in Palästina könnten sehr wohl den Nationalisten und religiösen Demagogen in die Hände spielen – auch in Israel. Dennoch: Wäre die Politik unter den Palästinensern offener, könnte eine öffentliche Unterstützung für einen Kompromißfrieden sich lauter vernehmen lassen, und das wäre schon ein erheblicher Fortschritt.

Wäre eine internationale Truppe unter Leitung der UNO von Nutzen, um die (vorübergehenden oder dauerhaften) Grenzen zwischen Israel und Palästina zu überwachen? Diese Idee findet immer mehr Befürworter, wirft allerdings schwierige Fragen der Wechselseitigkeit auf. Die israelischen Siedler müßten, noch bevor eine solche Truppe ins Land käme, zum Verlassen der Gebiete gezwungen werden, denn die von den internationalen Streitkräften zu bewachende Grenze würde sicherlich viele der bestehenden Siedlungen isolieren. Die palästinensischen Terroristen müßten demgegenüber nicht zur Räson gebracht werden, da sie bequem auf ihrer Seite der Grenzlinie sitzen. Was dann geschehen wird, läßt sich schnell erahnen: Terroristen werden durch die multinationalen Patrouillen der UNO schlüpfen und israelische Zivilisten töten. Israel wird dann fordern, daß die UNO-Soldaten die Terrornester ausheben, was sie natürlich nicht tun werden, da es dazu einer größeren militärischen Unternehmung bedürfte. Und was dann? Eine internationale Truppe, die bereit wäre, *Gewalt anzuwenden* (und Tote in Kauf zu nehmen), könnte möglicherweise dem Nahen Osten Frieden bringen, nur fällt mir nicht ein einziges Land ein, daß aufrichtig willens wäre, seine Soldaten in wirkliche Kämpfe zu schicken. In Bosnien, Ruanda und Osttimor hat die UNO sich nicht gerade einen guten Ruf erworben, im Gegenteil ihr Verhalten war haarsträubend. Die einzige Truppe, die mit einer gewissen Wahrscheinlichkeit einsetzbar wäre, taugt nur zur Wahrung des Friedens, nicht zu seiner Herstellung, und daher ist ihr Erfolg auf einen vorausgegangenen Sieg der Gemäßigten in Israel und Palästina angewiesen. Die internationale Gemeinschaft zu mobilisieren ist kein Ersatz für diesen Sieg, und dieser Schritt ist sicherlich zum Scheitern verurteilt, wenn er nur auf einen Sieg der israelischen Gemäßigten folgt.

Eine mehr ideologische und politische als militärische Form des internationalen Engagements könnte hingegen eine echte Hilfe sein. Den Terroristen und Siedlern jede Legitimation zu entziehen, ist von entscheidender Bedeutung. Allerdings hat das gleichzeitig und mit einer Portion moralischer Klugheit zu geschehen. Die gegenwärtige Boykottkampagne gegen Israel, die den Boykott gegen Südafrika in den 80er Jahren zum Vorbild hat, ist auf einem Auge blind. Und da an der Spitze der anderen Seite keine Organisation steht, die auch nur entfernt dem Afrikanischen Nationalkongreß gleicht, und auch kein Mann, der an das Format Nelson Mandelas heranreicht, wäre ein Erfolg dieser Kampagne katastrophal. So würden nur die Kräfte gestärkt, die sich dem ersten Krieg verschrieben haben. Allein wenn die europäischen Kritiker Israels bereit sind, den Palästinensern zu sagen, daß eine Autonomiebehörde, die sich zum Komplizen des Terrorismus macht, mit keiner Hilfe zu rechnen habe, dürfen sie amerikanische Kritiker der Palästinenser bitten, eine parallele Botschaft an die israelische Regierung ergehen zu lassen. Intellektuelle, die sich dem Internationalismus verpflichtet fühlen, dienen ihrer Sache am besten, wenn sie die beiden Botschaften gemeinsam ergehen lassen und verteidigen.

Meine Absicht war, die Komplexität des israelisch-palästinensischen Konflikts zu reflektieren. Ich kann mich nicht damit brüsten, vollkommen objektiv zu sein. Die nationalistische Rechte, selbst die religiöse Rechte in Israel ist ein mir bekannter Feind, während mir die palästinensische Kultur von Tod und Märtyrertum fremd ist. Ich verstehe sie einfach nicht. Jemand anders ist vielleicht fähig, eine angemessenere Darstellung der vier Kriege zu liefern. Entscheidend ist jedoch, daß man sie überhaupt erkennt. Die meisten Kommentatoren, vor allem aus der Linken in Europa, aber auch der jüdischen und christlichen Rechten in den Vereinigten Staaten, waren gegenüber dieser Tatsache blind und fertigten deshalb ideologische Karikaturen des Konflikts an. Es wäre ein leichtes, die Karikaturen lächerlich zu machen, hätten sie nur nicht so tödliche Folgen. Denn sie ermuntern Palästinenser und Israelis, den ersten und vierten Krieg zu kämpfen. Jene unter uns, die das Geschehen im Nahen Osten beobachten und sich darum sorgen, haben zumindest die Verpflichtung, das nicht zu tun.

Die »Grüne Linie«.
Israels neue Grenze nach der ersten Intifada

Im Juni beklagte sich eine Geschäftsfrau auf der Ben Jehudah Straße im westlichen Teil von Jerusalem über den Zusammenbruch des Tourismus, die leeren Geschäfte und Hotels. Die Schuld dafür gab sie den Medien, weil sie so viele Bilder von steinewerfenden Palästinensern und israelischen Soldaten mit Schlagstöcken und Tränengas zeigten. Die Bilder würden einen ganz falschen Eindruck vermitteln: »Sehen Sie doch nur«, sagte sie auf die Straße weisend, »wie friedlich es ist.« Sie hatte Recht, die Ben Jehudah Straße war friedlich und schön, die einzige Lärmquelle waren die lebhaften Gespräche in den Cafés. Der ganze westliche Teil der Stadt war friedlich und schön. Das ganze Land, wenn man nur einen bestimmten Teil darunter verstand, war ruhig. Die Unruhen spielten sich auf der anderen Seite von ... ja von was ab? Die andere Seite der »Grünen Linie« erschien plötzlich wie die andere Seite der Welt. Jahrelang hatte die israelische Regierung behauptet, die »Grüne Linie« – Israels Grenzen vor dem Sechs-Tage-Krieg gebe es nicht. Aus der Landkarte gestrichen, verschwand sie auch aus der Landschaft, so daß selbst ältere Israelis, die von 1948 bis 1967 mit der Linie gelebt hatten, nicht mehr zu sagen wußten, wo sie genau verlief. Doch nun hatte die palästinensische Intifada die Linie wiederhergestellt, sowohl im Lande wie in den Köpfen. Die Linie meinen die Leute, wenn sie davon sprechen, daß die Unruhen sich »auf der anderen Seite« abspielen.

Der »Grünen Linie« wieder Geltung verschafft zu haben, ist die größte Leistung der Intifada und auch die erste Voraussetzung eines Abkommens zwischen Israel und den Palästinensern. Heute folgt die Linie nicht mehr der alten Landkarte, ihr genauer Verlauf wird eines Tages Gegenstand von sicherlich schwierigen Verhandlungen sein. Es ist auch gar nicht so wichtig, wo *genau* sie verläuft, wichtig ist, daß es sie gibt und man sich ihrer bewußt ist. Der Beweis ihrer Existenz ist gewissermaßen die Tatsache, daß Israelis sich »auf der anderen Seite« nur bewaffnet, unter dem Schutz der Armee oder auf Einladung der Intifada bewegen. Die Palästinenser haben gezeigt, daß sie einen eigenen Ort haben, und das heißt, daß die Besetzung, wie lange sie auch dauern mag, zeitlich begrenzt ist. Jitzak Schamirs Regierung sieht sich zu einer Gegendemonstration verpflichtet. Die Härte der Unterdrückung soll deutlich machen, daß Israel noch immer die Kontrolle über die besetzten Gebiete ausübt. In den meisten Fällen hat Israel sie auch, nur ist die Kontrolle jetzt sichtbarer und auf massiven Zwang gestützt, ganz anders als die, die von der Regierung über die tatsächlich ihr gehörenden Gebiete, auf »dieser Seite« der Linie, ausgeübt wird. Der Unterschied zwischen dem Kernland und dem anderen Land ist, was immer die Ideologen eines Großisrael behaupten, mit Händen zu greifen. Obwohl weder Palästinenser noch Israelis ganz glücklich damit sind, zeichnet sich die Teilung bereits ab.

Seit die Begin-Regierung die Besiedlung des Westjordanlandes vorantrieb, wurden Israels Liberale und Linke vom Gespenst eines allgemeinen Befreiungskriegs heimgesucht: Juden und Araber, zwei Völker, die sich geographisch, wirtschaftlich und politisch zwangsweise in einem Boot befinden, die von Mißtrauen und Haß, statt von Vertrauen durchdrungen sind und sich gegenseitig endlos terrorisieren. Man fürchtete nordirische oder libanesische Verhältnisse, und die Libanisierung Israels warf bereits ihren Schatten in jenen entsetzlichen Begräbnissen voraus, auf denen ein Redner nach dem anderen zehn-, ja hundertfache Rache forderte – hebräische und arabische Laute klangen bei diesen Gelegenheiten so ziemlich gleich. Jeder Tote war eine neue Provokation. Doch die Intifada ist, auch wenn es genug Begräbnisse gegeben hat, keine allgemeine Erhebung; zumindest ist sie nicht mit Irland oder dem Libanon vergleichbar. Denn in jenen Ländern handelt es sich bei den »Kriegern« um Individuen oder Banden, deren »Kriegführung« in Attentaten, Mord, Entführung, Straßenraub, Autobomben usw. besteht. Die im Streit liegenden Gemeinschaften selbst sind passiv, unorganisiert und die Leidtragenden. Im Gegensatz dazu ist die Intifada eine echte *nationale* Erhebung und enthält daher das Versprechen, daß am Ende eine neue Nation daraus hervorgehen wird. Was die Terroristen der PLO zwanzig Jahre lang nicht erreichten, das gelang Teenagern mit Schleudern in acht Monaten. Sie haben Palästina neben Israel in die moralische Landkarte eingezeichnet.

Eine Romantisierung der Intifada liegt mir fern. Wie jede politische Gewalt trägt sie das Mal ihrer eigenen Getriebenheit, ihrer eigenen Brutalität und ihres Fanatismus. Doch ist sie, wie selbst Jitzak Rabin eingestand, ihrem Charakter nach nicht terroristisch. Die Jungen, die den Aufstand tagtäglich in Gang halten, sind nicht zum Töten ausgebildet. Es sind ganz gewöhnliche Kinder, die von einer breiten Volksbewegung und einem bemerkenswerten Netz örtlicher Komitees unterstützt werden. Das Problem der Bewegung und ihres Netzwerks liegt eher darin, daß es bislang noch nicht zu einer artikulierten Politik führte. Sie sprechen nur mit Steinen zu den Israelis, nicht mit Worten, Argumenten, Vorschlägen und Zukunftsvisionen. Darum ist die »grüne Linie« bis jetzt noch kein Übereinkommen: Sie muß erst durch Verträge bestätigt werden, aber auf beiden Seiten der Linie ist man dazu noch nicht bereit.

Die zweite Bedingung eines Friedensvertrags ist daher die wechselseitige Anerkennung; beide Seiten müssen die moralische Berechtigung des jeweils anderen sehen, das heißt ihn als *Nation* anerkennen. Die Anerkennung muß sicherlich symmetrisch sein, aber gleichzeitig dient sie verschiedenen Zwecken. Für die israelischen Juden und die arabischen Palästinenser hat sie unterschiedliche Bedeutungen und praktische Folgen. Um es einfacher und zweifellos etwas grob zu sagen: Die Juden brauchen die Anerkennung aufgrund ihrer Verwundbarkeit, die Palästinenser aufgrund ihrer Demütigung. Schon vor Jahren lernte ich, der Völkerpsychologie und kollektiven Psychoanalyse zu mißtrauen, und deshalb füge ich schnell hinzu, daß es keineswegs ein Bedürfnis jedes Juden oder jedes Palästinensers ist. Gleichwohl ist die Anerkennung moralisch und politisch unverzichtbar.

Die Jahre der Okkupation waren für die Palästinenser Jahre der Schmach – um so mehr als diese bis zum letzten Dezember für die Israelis so problemlos waren. Die meisten Palästinenser in den Gebieten waren passiv, anscheinend unfähig, sich selbst zu helfen, und spielten ihrer eigenen Unterdrückung in die Hände. Der im Dezember begonnene Widerstand hat ihnen ein Gefühl von Stolz vermittelt, was kein »Sieg« der Terroristen je zu leisten vermochte. Die Intifada ist für die Palästinenser dasselbe wie das Überschreiten des Suezkanals 1973 für die Ägypter, und die psychologischen Auswirkungen mögen im ersten wie im zweiten Fall sehr wohl eine militärische Niederlage oder Unterdrückung überdauern. Hier haben wir das mögliche Fundament für einen politischen Kompromiß. Dieser wird aber dem neuen palästinensischen Stolz auch in institutioneller Hinsicht Rechnung tragen müssen. Das ist in der Forderung nach Selbstbestimmung enthalten und verleiht ihr Bedeutung. Terroristen können kein Recht auf Selbstbestimmung beanspruchen, wohl aber eine Volksbewegung, und diese haben die Palästinenser endlich zustande gebracht.

Wie die Selbstbestimmung funktionieren wird, was ihr Ergebnis sein könnte: Das ist so ungewiß wie eh und je. Die Intifada klärt nichts. Immer noch läßt sich am Ende eine Bandbreite von Verhandlungsstrategien denken, eine Vielzahl von Vertretern, eine Reihe alternativer »Einrichtungen«. Aber künftig wird es keinen Vertrag mehr geben, der für die Palästinenser im Westjordanland und im Gazastreifen nicht akzeptabel ist. Damit ist vermutlich ein Abkommen zwischen Israelis und König Hussein ausgeschlossen, wie der König selbst erkannt zu haben scheint, obwohl er immer noch als Partner der Palästinenser oder als Garant eines möglichen Vertrages eine

Rolle spielen könnte. Möglicherweise bedarf es eines Abkommens mit der PLO, obschon diese durch Repräsentanten aus dem Westjordanland und dem Gazastreifen sprechen könnte, die sozusagen von den örtlichen Komitees beauftragt sind.

Israelis reden vom palästinensischen Stolz mit einer Mischung aus Angst und Bewunderung. Die Antwort der Regierung war jedoch weniger gespalten: Sie wollte nicht allein den Aufstand niederschlagen, sondern die Palästinenser zwingen, ihre Niederlage einzugestehen. Sie wollte, wie ein Regierungsvertreter gesagt haben soll, »den Palästinensern das Lächeln von den Gesichtern reißen«. Furcht und Bewunderung sind da sehr viel gesündere Reaktionen: Furcht, denn Stolz kann ebenso leicht eine extremistische Politik nähren wie eine gemäßigte begründen; Bewunderung, denn auch Israels Geschichte, wie sie gemeinhin erzählt wird, ist ein Triumph über die Demütigung, der Wandel des wehrlosen Ghettojuden zum selbstbewußten *sabra*. Israelis, die ungefähr in meinem Alter sind, erinnern sich noch daran, englische Soldaten mit Steinen beworfen zu haben. Es ist eine nützliche, aber auch beunruhigende Erinnerung.

Wegen solcher Erinnerungen hat die Anerkennung, die Israel fordert, nicht viel mit Ehre zu tun. Israelis wissen bereits, wie beglückend die Erfahrung kollektiver Disziplin und Selbsthilfe ist. Israels jüdische Bürger haben indes andere Erinnerungen, entsetzliche Erinnerungen an Verfolgung, Exil, Krieg und Tod. Wenn Ministerpräsident Schamir erklärt, die Intifada sei eine neue Art der Kriegführung gegen den Staat Israel – als ob Kinder mit Schleudern die Existenz eines Staates bedrohen könnten –, redet er absurdes Zeug. Diese Absurdität wird allerdings in weiten Kreisen akzeptiert: Denn liegen die Araber nicht schon seit 40 Jahren im Krieg mit Israel, haben sie es nicht immer abgelehnt – mit der einen Ausnahme Ägypten –, den Staat Israel anzuerkennen? Ähnlich ist das »alle sind gegen uns«, die alte Leier der politischen Rhetorik von rechts, einfach unwahr. Aber auch das stößt auf breite Zustimmung, denn es greift die historische Erfahrung des jüdischen Volkes auf. Die Leistung des Zionismus – staatliche Souveränität, materielle Macht, politische Bündnisse und eine Stellung in der Welt – kann von ihren eigenen Protagonisten und Nutznießern noch gar nicht richtig eingeschätzt werden, wohl aber von den Palästinensern, die unbedingt dasselbe erreichen wollen. Trotz ihrer militärischen Stärke fühlen Israelis sich schrecklich verwundbar. Sicherheit ist das, was sie sich von einer Anerkennung wünschen.

Materiell ausgedrückt heißt das, verteidigungsfähige Grenzen, Entmilitarisierung, elektronische Warnstationen usw. Die Vorkehrungen im Sinai sind dafür ein nützliches Beispiel. Israel braucht aber noch mehr, wie Sadat sehr deutlich erkannt hat (während Arafat zu dieser Erkenntnis unfähig zu sein scheint): Es möchte, daß die Araber sein Bedürfnis nach Sicherheit und das Recht auf die Verteidigung seiner Souveränität öffentlich anerkennen. Westliche Diplomaten drängen die PLO, die Existenz Israels anzuerkennen. Das ist jedoch zu wenig, auch Pest und Krieg »existieren«, und wir erkennen ihre Existenz eben deshalb an, weil wir sie uns, wenn möglich, vom Halse schaffen möchten. Die PLO muß einen Weg finden, unmißverständlich zu erklären, daß sie sich schließlich und für immer von ihrer Hoffnung lossagt, sich Israel vom Halse zu schaffen. Jede Form von Sicherheitsvorkehrungen hat diesen notwendigen moralischen Hintergrund. Ohne das wären die Vorkehrungen für die meisten israelischen Juden unglaubwürdig.

Es hat heute den Anschein, als seien bestimmte Gruppen in der PLO willens, die nötigen öffentlichen Verlautbarungen abzugeben. Andere Gruppen sind demgegenüber auf einen ewigen Krieg eingeschworen. Die PLO ist keine geschlossene politische Organisation. Möglicherweise kann sie dazu werden, wenn sie im Laufe eines Verhandlungsprozesses gezwungen ist, praktische Entscheidungen zu treffen. Möglich wäre auch, daß die bloße Entscheidung, in Verhandlungen einzutreten, Arafat zu seiner Version der »Altalena Affäre« zwingt. (Damals, 1948, entmachtete David Ben Gurion gewaltsam die rechte, von Menachem Begin geführte Irgun.) Wie dem auch sei, im Augenblick gibt es keine palästinensische Führung, die fähig wäre, dasselbe zu tun wie Sadat 1977. Damals gingen die Anerkennungsrituale – der Besuch in Jerusalem, die Rede vor der Knesset – den offiziellen Verhandlungen voraus; heute werden sie sehr wahrscheinlich, falls es sie überhaupt gibt, nachfolgen.

Wie also könnten Verhandlungen in Gang kommen? Meiner Ansicht nach wird das nicht ohne Übereinkunft der Supermächte möglich sein. Denkbar wäre, daß Rußland und die Vereinigten Staaten eine Art Ersatz, wenngleich zeitlich begrenzt, für die wechselseitige Anerkennung von Israelis und Palästinensern bilden: Rußlands Anerkennung würde den Israelis das Gefühl geben, daß an ihrer Souveränität nicht mehr gerüttelt wird, Amerikas Anerkennung würde den Palästinensern das Gefühl geben, daß sie auf dem Weg zu einer eigenen staatlichen Souveränität sind. Das ist die dritte Bedingung für einen Vertrag, und dazu bedarf es sehr viel mehr diplomatischer Zusammenarbeit, Geschicks und Schwung, als beide Seiten bis jetzt an den Tag legten. George Shultz versteht vermutlich, was notwendig wäre, aber seine Einsicht kommt zu spät, als daß sie noch Früchte hätte tragen können.

Die Schwäche der amerikanischen Diplomatie zeigt sich an zwei Ereignissen. Erstens: Schamirs Besuch im März in Washington – es war schon der vierte Monat der Intifada –, bei dem er lächelte und lächelte, jeden amerikanischen Vorschlag verwarf und, ohne Federn lassen zu müssen, sich zurückzog – und dann auch noch einen beträchtlichen politischen Profit aus seinem Rückzug schlug. Zweitens: Das Eintreffen des Abu-Scharif-»Dokuments« im Juni in Washington, in dem anscheinend Israels Ansprüche und möglicherweise sogar seine Sicherheitsbedürfnisse anerkannt wurden. Die Erklärung wurde jedoch von Arafat selbst nie autorisiert und schon bald von seinem Stellvertreter widerrufen. Beide Seiten führten das Spiel der Unversöhnlichen auf. Daß sich das Spiel auf Washington konzentriert, ist ein Zeichen von dessen potentieller Macht; daß das Spiel munter weitergeht, ist ein Zeichen von Washingtons Unfähigkeit, seine Macht nutzbringend einzusetzen. Ich vermute, daß die amerikanische Macht solange gelähmt ist, wie die Amerikaner sie nicht bis zu einem gewissen Punkt mit den Russen teilen. Denn die Vereinigten Staaten sind nicht in der Lage – und sollten es auch keinesfalls –, Druck auf Israel auszuüben oder eigenständige Gespräche mit den Palästinensern zu suchen, solange die Russen nicht ihre Bereitschaft gezeigt haben, jenen Kräften in der arabischen Welt, die auf die Vernichtung Israels hinarbeiten, jegliche Unterstützung zu entziehen.

Dann erst können ernsthafte Verhandlungen aufgenommen werden. Die vierte und letzte Bedingung eines Vertrags ist schließlich ein *langer* Verhandlungsprozeß. Einen langen Prozeß müssen wir einfach deshalb erwarten, weil so ungeheuer viel auf dem Spiel steht und die strittigen Fragen höchst komplex sind. Man erinnere sich nur, daß zwischen Sadats Besuch in Jerusalem und der endgültigen Unterzeichnung des ägyptisch-israelischen Friedensvertrags zwei Jahre immer wieder unterbrochener Verhandlungen lagen – und dieses Abkommen war, verglichen mit dem, was noch zu tun bleibt, geradezu ein Kinderspiel. Doch selbst wenn man sich schnell darüber verständigt, wie die abschließenden Konditionen aussehen müssen, wäre es nützlich, die Gespräche auszudehnen. Beide Seiten brauchen nämlich Zeit, um sich an die Idee eines Friedens und die Kompromisse zu gewöhnen und auch an die damit verbundenen ideologischen Einbußen.

Für die Juden bedeutet Frieden das Ende Großisraels und der messianischen Hoffnungen, die eine kleine, aber eifernde Gruppe religiöser und nationalistischer Zeloten mit territorialer »Größe« assoziiert. Es bedeutet, sich an die physischen, aber auch geistigen Beschränkungen eines sehr kleinen Landes anzupassen. Mit der Wiederherstellung der »Grünen Linie« hat der Anpassungsprozeß bereits begonnen, obwohl bislang noch kein führender israelischer Politiker aufgetreten ist, der sie in einem positiven Licht erscheinen läßt. Kein Zweifel, ein Friede mit den Palästinensern wäre ein großer zionistischer Sieg, denn das würde die endgültige Sicherung des jüdischen Staates bedeuten. Die Frage ist nur, ob das auch so verstanden wird, und diese Frage läßt sich nur im Laufe einer Zeitspanne beantworten, in der Israels Bürger prüfen können, wie es um die palästinensische Bereitschaft zu einem echten Abkommen bestellt ist.

Für die Palästinenser bedeutet Frieden, ein »Palästina« zu akzeptieren, das noch kleiner als das kleine Israel ist, es sei denn, es kommt zu irgendeiner Union mit Jordanien. Für die palästinensische Diaspora, die trotz der Intifada den größten Einfluß in der PLO hat, wird dies besonders schwierig werden. Ob die Führung der PLO überhaupt an einem Kleinstaat bestehend aus Gazastreifen und Westjordanland interessiert ist, liegt keineswegs auf der Hand: Sie hat so oft Gelegenheiten verstreichen lassen, die sie diesem Ziel näher gebracht hätten, daß man sich fragen muß, ob sie nicht doch ganz andere Ziele verfolgt. Das tatsächliche Fallenlassen dieser anderen Ziele wird wohl nicht zu einem bestimmten Zeitpunkt stattfinden, obwohl Husseins Abtretung des Westjordanlandes den Augenblick näher bringt, an dem die Palästinenser genau sagen müssen, was sie zu gewinnen hoffen. Vermutlich wird das nicht ohne blutige Kämpfe und Streitigkeiten innerhalb der PLO abgehen, und das Beste wäre, sie würden vor und nicht nach dem endgültigen Abkommen ausgetragen, denn nur dann wird es sich um ein endgültiges handeln. Irgendwann werden die Maximalisten öffentlich erklären müssen, daß sie auf ihre Forderungen verzichten, und einige palästinensische Politiker werden ihrem Volk erklären müssen, warum gerade das ein Sieg ist. Möglicherweise ist die einzige Person, die dazu in der Lage wäre, schon heute jemand, dem am Erfolg des Verhandlungsprozesses gelegen ist. Politik ist oft aus diesem Stoff: Lange Zeit sieht es nach einem einzigen Durcheinander aus, und schließlich wird die nötige Klarheit nur aufgrund des Durcheinanders erreicht. Doch sind tatsächlich die Bedingungen gegeben, um das Durcheinander zu lichten? Das kann ich nicht gerade behaupten, die sicherste Vorhersage für die Zukunft ist eher düster: ein Patt, kein Abkommen, die Intifada durch die Unterdrückung zwar in Schach gehalten, aber nicht niedergeschlagen. Gegenseitige Anerkennung und Koexistenz werden nur von einer Minderheit israelischer Juden und einer noch kleineren (und weniger gut organisierten) Minderheit palästinensischer Araber verteidigt. Und die Großmächte machen derzeit weder einen vernünftigen, noch einen kooperativen Gebrauch ihrer Macht. Was bleibt, ist die wiederhergestellte »Grüne Linie«, die auf eine offizielle Bestätigung wartet. Immerhin erkennen wir jetzt die Bedingungen eines Friedensvertrags. Sie nicht mehr aus dem Blick zu verlieren: Darauf kommt es nun an.

Nach dem 11. September 2001

Terror

In Zeiten wie diesen heißt es, mit ruhiger Stimme zu sprechen und sorgfältig … entschlossen, findig, kühn, aber vor allem sorgfältig zu handeln. Mit allen Amerikanern, mit allen anständigen Menschen auf der Welt, beklagen wir die Opfer der Terrorangriffe vom 11. September in New York und Washington. Wenn Sie diese Worte lesen, werden wir mehr über die Zahl der Toten und möglicherweise die Identität der Mörder wissen. Unter Umständen wird die US-Regierung mit einem Militärschlag geantwortet haben. Wir können nur mit Blick auf die Zukunft schreiben: Wie sollten wir auf diesen Akt der Barbarei antworten?

Zunächst muß man sagen, daß wir mit dem Schauspiel der Angriffe nicht gleichziehen können und auch keine guten Gründe dafür haben. Eine massive Reaktion mag wohl theatralisch angemessen sein, wird es aber weder moralisch, politisch, diplomatisch noch militärisch sein. Was wir brauchen, ist ein Anti-Terror-Programm, das maßvoll und langfristig ist. Wir brauchen ein Programm, das sich nachvollziehbar gegen die wirklichen Feinde richtet, die weder eine Hausnummer, noch ein Hauptquartier, eine Armee oder eine Hauptstadt haben.

Wer sind sie? Sie behaupten, im Namen der Unterdrückten gegen deren Unterdrücker zu handeln: für den »Süden« gegen den »Norden«, für die Armen der Welt gegen die Kräfte des globalen Kapitalismus. Ihre Behauptungen sind allesamt falsch. In der heutigen Welt gibt es eine Menge Menschen, die eine linke Politik brauchen. Nur ist der Terrorismus nicht diese Politik. Er ist nicht als linke Politik gemeint, und Männer und Frauen der Linken sollten alle Apologeten des Terrorismus entschieden in die Schranken weisen, all jene, die sagen: »Natürlich ist es falsch, Unschuldige zu töten, aber denkt doch mal an die Frustration dieser Leute…« Kein Wenn und Aber. Terroristen sind Parasiten der Unterdrückung, Freunde der Unterdrückten sind sie nicht.

Diese Terroristen stellen eine neuartige Kraft dar. Sie repräsentieren die niedrigsten religiösen und politischen Gefühle. Ihre Doktrin ist reaktionär, fundamentalistisch, repressiv. Sie verachten liberale Werte und die allgemeinen Menschenrechte. Doch verstehen sie es, sich die modernsten Technologien auf glänzende Weise zunutze zu machen, und trotz ihrer bornierten Weltsicht operieren sie erfolgreich in einer globalen Umwelt. Sie sind in Zellen und Netzwerken, nicht in Brigaden und Hierarchien organisiert. Sie tüfteln koordinierte und raffinierte Pläne aus, aber dazu brauchen sie kein eigenes Pentagon; ein paar Kellerräume, ein paar Wohnzimmer mit laufenden Computern genügen ihnen völlig. Der Terror muß Zelle für Zelle bekämpft werden: mit Entschlossenheit und Ausdauer, gefragt sind Nachrichtendienste und Polizei, nicht Säbelrasseln.

Auch Diplomatie ist nötig. Dieser Krieg sollte nicht nur Amerika etwas angehen. Wir brauchen ein wenig Hilfe von unseren Freunden, selbst von unseren intimen Freunden, politischen Gegnern und wirtschaftlichen Konkurrenten. Wir sollten ein möglichst breites Bündnis schmieden, so daß Staaten, die den terroristischen Netzwerken Zuflucht und Unterstützung gewähren, geächtet, mit Embargo und Blockade belegt werden können. Unmittelbar nach dem 11. September gaben die Staatsmänner rund um die Welt vor, daß die Terroristen keine Helfer hätten. Das ist nicht wahr: Sie haben Helfer, und wir sollten sie beim Namen nennen und Nationen, Parteien, Bewegungen, Männer und Frauen auf der Straße gegen sie versammeln.

Wir haben unser Leben, aber auch unsere Lebensform zu verteidigen. Und selbst wenn es jeder sagt, ist es darum nicht weniger wahr. Die Terroristen verwerfen und hassen unsere Lebensform, und sie würden sie selbst dann verwerfen und hassen, wenn wir mehr aus ihr machen würden, als wir es tun. Wir dürfen daher auf keinen Fall von unserem Weg abweichen: Der Krieg gegen den Terrorismus darf nicht unsererseits mit Terrorismus geführt werden. Sie töten Unschuldige, wir dürfen es nicht. Wir dürfen nicht zulassen, daß der Krieg die Rechte amerikanischer Bürger und anderer innerhalb unserer Grenzen beschneidet. Wir alle müssen zusammenstehen, damit der Mob nicht ethnische und religiöse Minderheiten zu Sündenböcken macht und sie bedroht. Und schließlich, auch das dürfen wir nicht vergessen, sollte dieser Krieg nicht an die Stelle aller anderen Kriege treten: gegen Armut, Haß, Ausbeutung.

Fünf Fragen zum Terrorismus

Was ich hier schreibe, wird kein klares und zusammenhängendes Argument ergeben. Mir ist immer noch ganz schwindlig von den Angriffen des 11. September, und ich habe meine Antworten nicht geordnet. Ich möchte versuchen, fünf Fragen zum Terrorismus zu beantworten. Ob die Antworten sich zu einer »Position«, sei sie theoretisch oder praktisch, zusammenfügen, überlasse ich dem Leser.

1. Was ist Terrorismus?
2. Wie sollten wir ihn erklären?
3. Wie wird er verteidigt oder entschuldigt?
4. Wie sollten wir darauf reagieren?
5. Welche Anzeichen sprechen für eine wirksame Antwort?

1. Was ist Terrorismus? Das zu erkennen stellt nicht vor ein Problem. Wir können getrost alle postmodernen Argumente über Wahrheit und Erkenntnis ignorieren. Terrorismus ist das bewußte Töten Unschuldiger, die zufällig am falschen Ort sind, um einer ganzen Bevölkerung Furcht einzujagen und ihre Regierungen unter Druck zu setzen. Diese Definition trifft am ehesten auf den Terrorismus einer revolutionären oder einer nationalen Befreiungsbewegung zu (auf die Irisch-Republikanische Armee, die Nationale Befreiungsfront Algeriens, die Palästinensische Befreiungsorganisation, die baskische ETA usw.). Wir kennen auch den Staatsterrorismus, der für gewöhnlich von diktatorischen und totalitären Regierungen gegen ihr eigenes Volk eingesetzt wird, um Furcht zu verbreiten und eine politische Opposition im Keim zu ersticken: Die Fälle von »Verschwinden« in

Argentinien sind dafür ein hilfreiches Beispiel. Und schließlich gibt es den Terrorismus im Krieg: die Anstrengung, Zivilisten in so großer Zahl zu töten, daß ihre Regierungen zur Kapitulation gezwungen sind. Der klassische Fall scheint mir Hiroshima zu sein. All diesen Formen ist gemeinsam, daß Menschen zur Zielscheibe werden, die sowohl im militärischen wie politischen Sinn zu den Nichtkombattanten zählen: Es sind keine Soldaten, keine Staatsbeamten, nur ganz gewöhnliche Leute. Und sie kommen nicht zufällig im Laufe von Handlungen ums Leben, die ein anderes Ziel haben: Sie werden mit Absicht getötet.

Ich lehne die Vorstellung, daß »des einen Terrorist des anderen Freiheitskämpfer« ist, entschieden ab. Natürlich wird über die Verwendung des Ausdrucks gestritten, das trifft jedoch auf viele andere politische Begriffe auch zu. Die Verwendung von »Demokratie« etwa ist umstritten, aber dennoch haben wir meiner Ansicht nach eine recht gute Vorstellung davon, was Demokratie ist (und was nicht). Als das kommunistische Bulgarien sich eine »Volksdemokratie« nannte, ließen nur Dummköpfe sich davon täuschen. Ähnlich liegt der Fall beim Terrorismus. Als in den 60er Jahren ein Mitglied der FLN eine Bombe in einem Café legte – in dem junge Franzosen zusammenkamen, um zu tanzen und zu flirten –, und sich dann einen Freiheitskämpfer nannte, ließen sich nur Dummköpfe täuschen. Damals gab es eine Menge Dummköpfe, und damals, in den 60er und 70er Jahren, wurde auch die Kultur der Entschuldigung und Apologie geboren – aber damit werde ich mich später beschäftigen.

2. Wie sollen wie an eine Erklärung des Terrorismus herangehen und vor allem an jene Form des Terrorismus, mit der wir heute konfrontiert sind. Zunächst einmal muß man begreifen, daß der Terrorismus auf einer Wahl beruht, er ist eine aus einer Bandbreite von Möglichkeiten herausgegriffene Strategie. Man hat sich eine Gruppe von Leuten vorzustellen, die um einen Tisch herumsitzen und darüber reden, was zu tun ist. Den Zeitpunkt genau zu bestimmen fällt schwer, aber ich bin mir sicher, daß es einen bestimmten Zeitpunkt gibt,

selbst wenn, ist die Wahl erst einmal getroffen, jene, die sich gegen den Terror aussprachen, in der Regel umgebracht werden. Deshalb lernen wir nie ihre Version der Auseinandersetzung kennen. Warum gehen Terroristen so häufig als Sieger daraus hervor? Welche politischen Wurzeln hat der Terror?

Ich glaube nicht, daß wir mit einer einfachen materialistischen Erklärung weiterkommen, obwohl in den letzten Monaten viel von dem menschlichen Elend, der entsetzlichen Armut und der krassen Ungleichheit in der Welt die Rede war, in denen der Terrorismus »letztlich begründet« sei. Auch von dem schrecklich Leid wurde gesprochen, das, wie jemand in einem unserer Wochenmagazine schrieb, »Menschen auf der ganzen Welt [widerfuhr], die Opfer amerikanischer Militäraktionen in Vietnam, in Lateinamerika, im Irak wurden ...« Dem Verfasser dieser Worte scheint entgangen zu sein, daß es keine Terroristen aus Vietnam und Lateinamerika gibt. Not und Ungleichheit taugen einfach nicht als Erklärungen für irgendeine der nationalistischen Terroristenbewegungen und erst recht nicht für den islamischen Terror. Ein einfaches Gedankenexperiment in vergleichender Politik zeigt uns, warum sie nicht taugen. Ohne Zweifel zeigen sich die übelsten Folgen der globalen Ungleichheit in Afrika, und nirgendwo ist deutlicher, wie der Westen Ungleichheit erzeugt und auf Dauer stellt. Natürlich ist das Problem auch hausgemacht, denn viele afrikanische Regierungen spielen entweder dem Westen in die Hände oder sind unmittelbar für das Elend ihres eigenen Volkes verantwortlich. Gleichwohl kommt dem Westen eine große Verantwortung für die Misere zu. Dennoch ist die afrikanische Diaspora für die Terroristen kein Meer, in dem sie munter schwimmen können. Und dasselbe wird man über Lateinamerika, insbesondere Mittelamerika, sagen können, wo die US-Konzerne zu einem beträchtlichen Teil zur Ausbeutung und zur Konservierung der Armut beigetragen haben: Und dennoch ist die lateinamerikanische Diaspora kein terroristenfreundliches Meer. Wir brauchen also eine andere Erklärung.

Was wir benötigen ist eine Erklärung, die Kulturelles, Religiöses und Politisches miteinander verbindet. In ihrem Mittelpunkt muß, wie ich meine, das Kreieren eines Feindes stehen, eines ganzen Volkes, das ideologisch oder theologisch so verteufelt wird, daß es zum Töten freigegeben ist: Das machte die IRA mit den irischen Protestanten, die FLN mit den französischen Algeriern, die PLO mit den israelischen Juden. Ein solcher Feind ist die besondere Kreation einer nationalistischen und religiösen Bewegung, die die »anderen« nicht nur besiegen, sondern vertreiben oder auslöschen will. Kriegspropaganda hat in der Regel dieselbe Wirkung, sie möchte den Gegner dämonisieren, selbst wenn beide Seiten erwarten, daß der Krieg mit einem Verhandlungsfrieden endet. Sobald man den Feind geschaffen hat, darf jeder von »ihnen«, Männer, Frauen, Kinder, Kombattanten, Nichtkombattanten, ganz gewöhnliche Leute, getötet werden. Die Feindseligkeit erstreckt sich unterschiedslos auf alle. Beim islamischen Terrorismus ist der Feind der Ungläubige, dessen Weltführer die Vereinigten Staaten und dessen lokaler Vertreter Israel ist.

Islamische Terroristen bezeichnen sich nicht als Freiheitskämpfer; sie haben eine andere Mission: die Wiederherstellung der Herrschaft des Islams in den Ländern des Islams. In einer auf Video festgehaltenen Rede kurz vor den Angriffen des 11. September – gesendet wurde sie erst später – sprach Osama bin Laden von 80 Jahren der Unterwerfung, von einer Geschichte, die bis auf die Errichtung europäischer Protektorate und Verwaltungen im Nahen Osten nach dem Ersten Weltkrieg zurückgeht, auf den Versuch im Libanon einen christlichen Staat zu schaffen, in der arabischen Welt konstitutionelle Monarchien und parlamentarische Republiken nach westlichem Vorbild zu errichten, auf die Gründung eines jüdischen Staates nach dem Zweiten Weltkrieg und dann auch auf die lange Reihe militärischer Niederlagen von 1948 bis 1991, und das nicht nur im Nahen Osten, sondern auch in Ostasien, auf Niederlagen, die allesamt als entsetzliche Demütigungen durch die Juden, Hindus und Amerikaner empfunden wurden, die schließlich keine Kriegervölker sein sollten. Die militärischen Niederlagen sind jedoch Teil einer längeren Geschichte mißlungener Staatsgründungen und fehlgeschlagener Wirtschaftsentwicklungen in einem Großteil der islamischen Welt. Die Auflehnung religiöser Fundamentalisten gegen die Moderne, ein gemeinsames Phänomen aller großen Weltreligionen, gerät hier in Konflikt mit Regierungen, die alles andere als respektable Vertreter der Moderne sind: Es sind zwar oft säkulare Regierungen, solche, die sich bereitwillig an den Westen anpassen, eifrig die jüngsten Technologien übernehmen, zugleich aber brutal, repressiv, korrupt, diktatorisch, ungerecht ... und unfähig sind, entweder die Symbole oder die Substanz eines anständigen Zusammenlebens zu stellen. Einige dieser Regierungen schaffen um ihrer Machterhaltung willen einen ideologischen und religiösen Sündenbock, einen äußeren Feind: Israel, Amerika, den Westen im allgemeinen, und legen ihm ihr eigenes innenpolitisches Versagen zur Last. Einige dieser Regierungen zählen zu unseren Verbündeten, gemäßigte islamische Länder oder säkulare arabische Staaten, die den Extremisten in ihrer Mitte entgegenkommen müssen. Noch haben sie nicht den Kampf gegen den religiösen Radikalismus aufgenommen, die Triebfeder der Terrornetzwerke. Der Djihad ist nicht nur eine Antwort auf die Moderne, sondern auch auf das radikale Versagen der islamischen Welt zur Moderne aufzuschließen.

Frühere terroristische Kampagnen lassen sich zum Teil auch mit der Schwäche und der autoritären Organisation der »Befreiungsbewegung« erklären, das heißt mit ihrer Weigerung oder ihrer Unfähigkeit, ihr eigenes Volk für andere Arten des politischen Handelns zu mobilisieren. Schließlich kann der Terrorismus auf eine Mobilisierung der Massen verzichten; er ist das Werk einer winzigen Elite von Kämpfern, die für sich beanspruchen, »das Volk« zu vertreten, aber ohne das Volk handeln. (Deshalb lehnte der klassische Marxismus den Terrorismus stets ab, aber seine Gründe waren leider strategischer, nicht moralischer Natur.) Als es jemandem wie Gandhi gelang, eine gewaltlose Massenbewegung für die nationale Befreiung zu organisieren, gab es keinen Terrorismus.

3. Wie wird der Terrorismus verteidigt? In bestimmten islamischen Gruppen wird heute eine klare Rechtfertigung vorgebracht, die zugleich eine Verneinung ist: Es gibt keine unschuldigen Amerikaner,

folglich sind auch Angriffe wie die vom 11. September ihrem Charakter nach nicht terroristisch. Ich möchte allerdings Argumente einer anderen Art betrachten: Sie rechtfertigen die Taten nicht, die wir Terrorismus nennen. Statt dessen sind sie Ausdruck dessen, was ich bereits als Kultur der Entschuldigung und Apologie bezeichnete. Im Grunde gibt es zwei Arten von Entschuldigungen. Die erste führt die Verzweiflung der »Unterdrückten« an, wie sie genannt werden (und was sie sehr wohl auch sein könnten): Terror, so hören wir, ist die Waffe der Schwachen, das letzte Mittel unterworfener Nationen. Tatsächlich ist der Terror gemeinhin das erste Mittel von Militanten, die von Anfang an glauben, daß der Feind getötet werden muß, und die weder willens noch fähig sind, ihr eigenes Volk für irgendeine andere Art der Politik zu organisieren: Die FLN und die PLO haben von der ersten Stunde an zum Terror gegriffen. Es gab keine lange Reihe von Versuchen, Alternativen zu finden. Dabei kennen wir mindestens eine alternative, gewaltlose Massenbewegung, die sich als eine weitaus wirksamere »Waffe der Schwachen« erwiesen hat.

Die zweite Art der Entschuldigung führt die Schuld der Opfer des Terrors an. Für uns Amerikaner sieht es dann so aus: Wir kämpften im Golfkrieg, wir stationieren Truppen auf dem heiligen Boden Saudi-Arabiens, wir boykottieren und bombardieren den Irak, wir unterstützen Israel, was also erwarten wir? Selbstverständlich waren die Angriffe vom 11. September falsch. Sicher muß man sie verurteilen, aber – und das ist ein ganz großes »Aber«, schließlich verdienten wir es; früher oder später mußte so etwas geschehen. Im allgemeinen stammen diese Argumente von Leuten, die vor dem 11. September wollten, daß wir die Kurden im Norden des Irak nicht länger beschützen, daß wir Israel die Unterstützung aufkündigen und aus Saudi-Arabien abziehen. Jetzt sehen sie eine Möglichkeit, den islamischen Terror als eine Art »Bekräftigung« ihres eigenen politischen Programms auszugeben. Sie unterstellen ihre Agenda den Terroristen – woran sonst könnten die Terroristen gedacht haben, wenn nicht an das, was westliche Linke immer schon forderten? – und rufen dann nach einer Appeasement-Politik, um weitere Angriffe zu vermeiden.

Das ist eine Politik, die meiner Ansicht nach mit Schmach beginnt und mit einer Katastrophe endet. Darüber aber möchte ich jetzt nicht reden; ich will lediglich die moralische Berechtigung der Entschuldigung bestreiten. Selbst wenn Amerikas Politik im Nahen Osten und in Ostasien in vielerlei Hinsicht falsch war oder ist, entschuldigt dies nicht den terroristischen Angriff, er wird dadurch nicht einmal moralisch verständlich. Die Ermordung Unschuldiger ist unentschuldbar.

4. Wie sollten wir reagieren? Ich möchte für eine multilaterale Reaktion eintreten, für einen »Krieg« gegen den Terror, der an vielen Fronten kämpfen müßte. Aber wer ist denn eigentlich hier der Feind? Sind es die Leute, die die Angriffe vom 11. September planten, förderten oder unterstützten oder ist es jede Gruppe, die eine terroristische Politik praktiziert? Mein Vorschlag ist, daß wir uns so etwas wie eine Analogie zu humanitären Interventionen denken. Wir (die Vereinten Nationen, die NATO, die Organisation afrikanischer Einheit und andere) intervenieren, sollten es jedenfalls, wenn irgendwo auf der Welt Völkermord und »ethnische Säuberung« praktiziert werden. Natürlich gibt es eine Reihe unterschiedlicher politischer und religiöser Doktrinen, die zu Völkermord und ethnischer Säuberung führen, und jede Intervention ist anders; jede erfordert ihre eigenen moralischen Überlegungen und Klugheitsrücksichten. Unsere Verpflichtung sollte jedoch eine allgemeine sein. Genauso liegt der Fall beim Terror: Es gibt viele terroristische Ideologien und viele Terrororganisationen. Wir sollten sie alle bekämpfen, aber wir müssen jeden Einsatz für sich betrachten. Wir haben uns vorzustellen, daß der »Krieg« viele mögliche Einsätze umfaßt.

»Krieg« ist hier eine Metapher, doch der richtige Krieg ist ein notwendiger Teil des metaphorischen »Krieges«. Er mag der einzige Teil sein, auf den sich die häufig angeführte Lehre vom »gerechten Krieg« anwenden läßt. Was die anderen Fronten betrifft, so werden wir nach anderen, wenn auch nicht davon unabhängigen moralischen Leitlinien suchen müssen. Die Frage nach der Gerechtigkeit im wirklichen Krieg ist uns vertraut, und ebenso die Antwort, obgleich sie im Prinzip leichter als in der Praxis ist. In unserem Kampf gegen die Terroristen dürfen wir nicht Unschuldige treffen, denn genau das tun Terroristen; im Idealfall sollten wir dem Feind oder seinen Helfern nahe genug kommen, um mit Sicherheit sagen zu können, daß wir sie nicht nur im Visier haben, sondern auch treffen. Wenn wir aus der Entfernung, mit Flugzeugen und Raketen, kämpfen, müssen wir Leute auf dem Boden haben, die die Ziele auswählen, oder wir müssen über eine sehr gute Aufklärung verfügen. Jedenfalls sollten wir die Intelligenz unserer intelligenten Bomben nicht überschätzen. Technische Hybris ist zwar, wie ich meine, kein Verbrechen, kann aber zu sehr schlechten Ergebnissen führen. Es ist daher besser, eine großzügige ballistische Fehlerquote einzukalkulieren. Und schließlich sollten wir, da wir trotz aller genannten Vorsichtsmaßnahmen die Zivilbevölkerung noch immer ernsthaft gefährden, die Risiken für sie dadurch weiter minimieren, daß wir Risiken für uns selbst in Kauf nehmen. Die letzte Forderung ist meinerseits eine recht harte, denn schließlich werde nicht ich es sein, der die Risiken auf sich nimmt. Für gewöhnlich wird hier der Grundsatz der Verhältnismäßigkeit angeführt: Die Toten und Verwundeten unter den Zivilisten, euphemistisch spricht man von »Kollateralschäden« sollten nicht in einem Mißverhältnis zum Wert des angestrebten militärischen Sieges stehen. Da ich aber nicht weiß, wie man die relevanten Werte messen soll oder wie die Verhältnismäßigkeit zu bestimmen ist, und weil ich auch nicht glaube, daß ein anderer es weiß, ziehe ich es statt dessen vor, auf die Aufrichtigkeit der Absicht zu achten, Opfer unter den Zivilisten zu vermeiden, und diese läßt sich am ehesten an der Risikobereitschaft messen.

Vorausgesetzt, wir haben das für die Angriffe vom 11. September verantwortliche Terroristennetzwerk richtig identifiziert, und die Taliban-Regierung war tatsächlich sein Förderer und Beschützer, ist der Krieg im ganzen ein gerechter – ob er auch klug ist, war im letzten Herbst eine sehr viel schwierigere Frage. Das Ziel des Krieges ist vor allem Prävention: Es gilt das Netzwerk zu zerstören und die Vorbereitung zukünftiger Angriffe zu stoppen. Meiner Ansicht nach sollten wir in dem Krieg keine »Polizeiaktion« sehen, welche die Verbrecher vor Gericht bringen will. Vermutlich haben wir dafür nicht die nötigen Beweise; und es könnte sehr gut sein, daß Beweise, die durch Geheimdienstkanäle oder Streitkräfte in anderen Ländern beschafft wurden, Beweise, die nicht wie die deutschen Dokumente in den Nürnberger Prozessen aus amtlichen Archiven stammen, sondern aus aufgefangenen E-Mails und ähnlichen nicht-amtlichen Quellen vor amerikanischen Gerichten, und die vermutlich auch vor internationalen Gerichten gar nicht zugelassen werden, obwohl ich nicht weiß, welche Beweismittel der Haager Gerichtshof verlangt. Wie dem auch sei, wollen wir wirklich jetzt, wo die Terroristennetzwerke noch aktiv sind, Terroristen vor Gericht stellen? Man denke nur an die Geiselnahmen und Bombendrohungen, von denen die Prozesse nahezu unweigerlich begleitet sein werden. Der Einsatz von Militärgerichten würde diese Schwierigkeiten zwar vermeiden, könnte man doch dann die Standards für das, was als Beweismittel durchgeht, lockern, überhaupt unter Ausschluß der Öffentlichkeit verhandeln. Doch dafür hätte man mit einem Verlust an Legitimität zu zahlen: Denn Gerechtigkeit hat, wie das Sprichwort sagt, nicht nur geübt zu werden; man muß auch sehen, daß sie geübt werden wird, man muß sehen, daß sie jetzt geübt wird. Es mag daher sein, daß am Ende des Weges auch Prozesse stattfinden, im Augenblick sollte uns das jedoch weniger kümmern. Das oberste Ziel des »Krieges« gegen den Terrorismus ist nicht rückwärtsgewandt und Vergeltung suchend, sondern nach vorne gerichtet und auf Prävention aus. Wenn es genau darauf ankommt, dann ist Afghanistan in gewisser Weise bloß ein Nebenschauplatz, wie notwendig auch immer, wie stark auch im Brennpunkt der Medien stehend und wie sehr von unseren Diplomaten und Soldaten zu Recht beobachtet. Die wichtigste Schlacht gegen den Terror wird genau hier und in England, Deutschland, Spanien und anderen Ländern der arabischen und islamischen Diaspora ausgetragen. Wenn es uns gelingt, weitere Angriffe im Keim zu ersticken, wenn wir damit anfangen können, die Terrorzellen auszuheben, werden wir einen großen Sieg errungen haben. Und das ist von größter Bedeutung, denn

»Erfolge« wie der 11. September haben eine anstachelnde Wirkung. Sie sorgen für neuen Zulauf und vermutlich eine gesteigerte Bereitschaft, die Terrornetzwerke finanziell zu unterstützen.

Die Polizeiarbeit kommt an erster Stelle, und damit ergeben sich nicht nur Fragen zur Gerechtigkeit, sondern auch zu Bürgerrechten. Liberale und Libertäre eilen zur Verteidigung der Freiheit herbei, und sie tun Recht daran. Doch wenn sie (wir) es tun, haben wir eine neue Beweislast zu akzeptieren: Wir müssen rechtfertigen können, daß die notwendige Polizeiarbeit sich erledigen läßt und zwar wirksam innerhalb der Grenzen erledigen läßt, die wir zur Wahrung der amerikanischen Freiheit für notwendig erachten. Können wir dafür keine überzeugenden Argumente vorbringen, müssen wir bereit sein, die Grenzen zu verschieben. Damit verraten wir keine liberalen oder amerikanischen Werte, tatsächlich ist es die einzig richtige Handlungsweise, denn die oberste Pflicht eines Staates ist es, das Leben seiner Bürger zu schützen (dazu ist der Staat da), und das Leben von Amerikanern ist heute sichtbar bedroht. Aber auch in diesem Punkt ist Prävention das ein und alles. Man stelle sich nur vor, was aus unseren Bürgerrechten wird, wenn es mehr erfolgreiche terroristische Angriffe gibt.

Auch verdeckte Ermittlungen sind notwendig, und ich gestehe, daß ich nicht weiß, welche moralischen Regeln dafür gelten. Die Unterscheidungen zwischen Kombattanten und Nichtkombattanten ist für jeden politischen und militärischen Einsatz entscheidend. Moralische Argumente haben sich an Fällen zu orientieren, hier aber sind die Fälle bewußt und wohl zu Recht den Blicken entzogen. Vielleicht kann ich ein Wort zu der in den letzten Monaten vieldiskutierten Frage des Attentats sagen. Die Ermordung führender Politiker ist nach internationalem Recht verboten, auch (oder vor allem) in Kriegszeiten, und das aus guten Gründen. Denn es sind die führenden Politiker des gegnerischen Staates, mit denen wir eines Tages über einen Frieden werden verhandeln müssen. Diese Regel kennt offensichtlich Ausnahmen. Kein moralischer Mensch hätte wohl etwas dagegen eingewendet, wenn die Alliierten versucht hätten, Hitler zu ermorden. Schließlich wären wir ohnehin nicht bereit gewesen, Verhandlungen mit ihm aufzunehmen. Aber gewöhnliche Politiker stehen unter einem Schutz. Aus demselben Grund genießen Diplomaten Immunität: Sie sind potentiell Unterhändler bei Friedensverhandlungen. Demgegenüber sind Armeekommandeure, gleichgültig wie hoch sie in der Befehlshierarchie stehen, nicht immun. Wir haben das Recht, das militärische Hauptquartier des Gegners ebenso unter Feuer zu nehmen wie seine Frontlinien. Im Falle von Terrororganisationen ist die Unterscheidung zwischen militärischer und politischer Führung wohl gegenstandslos. Beides ist hier kaum auseinanderzuhalten, und jedenfalls suchen wir keine Verhandlungen. Wie dem auch sei, es klingt jedenfalls seltsam, wenn man sagt, es sei zwar legitim, eine Gruppe von Terroristen in ihrem Trainingslager in Afghanistan anzugreifen, aber es sei nicht rechtens, den planenden Kopf der Operation zu jagen, auf die die anderen sich vorbereiten. Das kann einfach nicht stimmen.

Danach kommen die diplomatischen Bemühungen: Zur Zeit geht es darum, Unterstützung für ein militärisches Eingreifen in Afghanistan und für irgendeine Art zukünftiges Regime ohne die Taliban zu suchen. Langfristig wird die wichtigste Aufgabe jedoch darin bestehen, Staaten, die dem Terrorismus Vorschub leisten, international zu isolieren und zu bestrafen. Die Netzwerke scheinen grenzüberschreitend zu agieren. Sie machen sich die Globalität der Moderne zunutze, die sie so leidenschaftlich bekämpfen. Aber Vorsicht: Weder die grenzüberschreitenden noch die mehr provinziellen Netzwerke können überleben ohne den physischen Unterschlupf, die ideologische Rückendeckung und die finanzielle Hilfe, die Staaten wie der Iran, Syrien, Libyen und andere ihnen gewähren. Wir werden keinen Krieg mit diesen Staaten beginnen. Es gibt keinen Casus belli, und wir sollten auch nicht danach suchen. Außer dem Krieg kennen wir ja noch viele andere Formen des erlaubten politischen und wirtschaftlichen Drucks, und meiner Ansicht nach müssen wir alles dafür tun, daß ein solcher Druck Wirkungen zeigt. Im Klartext bedeutet das, wir müssen Überzeugungsarbeit in anderen Ländern leisten – oft sind es unsere Verbündeten –, die engere Beziehungen als wir zu terroristischen Ländern haben und deren Regierungschefs nicht gerade durch heldenhafte Taten in diesem Bereich geglänzt haben, damit diese ihrerseits Druck ausüben und einen Investitionsstop, ein Embargo und andere geeignete Sanktionen unterstützen.

Krieg, Polizeiarbeit, verdeckte Ermittlungen und Diplomatie: Das alles sind Aufgaben des Staates. Vor uns liegt aber auch eine ideologische Arbeit, und diese kann und sollte nicht vom Staat gelenkt oder organisiert werden. Erfolge wird sie nämlich nur dann haben, wenn sie freiheitlich in Angriff genommen wird, und das heißt auf die normale demokratisch spontane und ungeordnete Weise. Der Staat kann sich daran durchaus beteiligen, etwa über Voice of America und andere Medien. Mir schwebt jedoch etwas ganz anderes vor. Säkulare und religiöse Intellektuelle, Gelehrte, Prediger und Publizisten müßten, nicht notwendig organisiert, aber doch durch ein gemeinsames Kredo verbunden, die Kultur der Entschuldigung und Apologie demaskieren, die religiösen und nationalistischen Quellen des Terrors aufdecken, das Beste in der islamischen Zivilisation gegen das Schlechteste mobilisieren und die Trennung von Religion und Politik in allen Zivilisationen verteidigen. Dergleichen Dinge sind sehr wichtig, Argumentieren ist sehr wichtig. Für jemanden, der sein Brot damit verdient, daß er Argumente fabriziert, mag das sehr pro domo klingen, aber es ist dennoch wahr. Trotz all ihrer Abgeschlossenheit, ihrer fanatischen Ergebenheit und ihres buchstabentreuen Glaubens verlassen sich Terroristen, und mehr noch Terrororganisationen, auf ein freundliches Milieu, und dieses freundliche Milieu ist eine kulturelle/intellektuelle/politische Schöpfung. Dieses Milieu müssen wir verändern, so daß die Terroristen, wo immer sie sich hinwenden, auf Feindseligkeit und Ablehnung stoßen.

5. Was werden die Anzeichen einer gelungenen Antwort sein? Wie werden wir wissen, wann wir diesen »Krieg« gewonnen haben? Der Verteidigungsminister hat uns bereits gesagt, daß wir nicht auf die üblichen Anzeichen hoffen können: formelle Kapitulation, Unter-

schriften auf einem Friedensvertrag. Das Maß des Erfolgs wird ein relatives sein: Die Angriffe und ihr Ausmaß nehmen ab, die Kampfmoral unter den Terroristen schwindet, Informanten und Überläufer aus ihren Reihen treten auf, die Opportunisten, jene mit der besten Nase für den voraussichtlichen Sieger, schließen sich uns an, jene, die früher den Terror entschuldigten, schweigen jetzt, die Leute auf der Straße fühlen sich wieder sicherer. Nichts davon wird auf die Schnelle oder problemlos eintreten.

Und noch ein anderes Maß gibt es: unsere Fähigkeit, unsere Außenpolitik, vor allem gegenüber der islamischen Welt, so zu gestalten, daß wir uns nicht über die Reaktion der Terroristen Sorgen machen müssen. Zur Zeit müssen wir besorgt sein: Wir können nichts tun, was jemandem wie bin Laden die Möglichkeit gibt, einen Sieg für sich zu verbuchen, sich damit zu brüsten, daß er uns zu etwas gezwungen hat. Wir müssen uns auf eine Gratwanderung begeben: an einer gerechtfertigten Politik etwa hinsichtlich der Irak-Blockade, des arabisch-israelischen Konflikts, des Kashmir-Streits festhalten und keine Maßnahmen ergreifen, die sich begründet als Appeasement-Politik ausgeben lassen. Ohne Zweifel gibt es Seiten an der amerikanischen Politik – nicht nur gegenüber der islamischen Welt, sondern überhaupt –, die zu ändern sind. Doch in der Politik gilt es nicht nur das Richtige zu tun, es muß auch aus den richtigen Gründen geschehen, und die Angriffe des 11. September sind kein guter Grund für eine Kehrtwendung. Eines Tages werden wir diese Bedenken nicht mehr haben müssen, und das wird ein weiteres Zeichen dafür sein, daß wir gesiegt haben.

Inspektoren ja, Krieg nein

Warum ein Angriff auf den Irak derzeit nicht zu rechtfertigen ist

Die Bush-Administration droht nun schon seit einigen Monaten mit einem Angriff auf den Irak. Doch ist es nicht leicht, den Sinn dieser Drohung zu erkennen. Dahinter könnte die Absicht stehen, die Iraker davon abzuschrecken, Massenvernichtungswaffen zu entwickeln. Wahrscheinlicher ist aber, daß es ihre Arbeit beschleunigt – besonders seit George W. Bush wiederholt darauf bestanden hat, daß sein Ziel nicht allein die Einstellung der Waffenentwicklung ist, sondern der Sturz des Regimes von Saddam Hussein. Möglicherweise will man auch Unterstützung für einen bevorstehenden Krieg mobilisieren. Bislang ist jedoch genau der gegenteilige Effekt zu beobachten, weil es jedem Land der Welt (und jedem ehemaligen General der US-Armee) Gelegenheit gibt, nein zu sagen – eine Gelegenheit, die von vielen eifrig ergriffen wurde. Es könnte auch beabsichtigt sein, Druck auf den Irak auszuüben, damit er ein neu aufgelegtes UN-Waffenkontrollsystem akzeptiert, oder Druck auf unsere Alliierten auszuüben, damit sie ein solches System durchsetzen. Das wäre ein rationales Ziel, aber es ist offenbar nicht das, was die Bush-Regierung wirklich will: Die Vereinigten Staaten haben sich an den monatelangen Verhandlungen, die darauf abzielten, die Inspektoren wieder in den Irak zu entsenden, kaum beteiligt und es ist nicht recht klar, ob die Regierung darauf vorbereitet ist, ernsthaft auf das irakische Angebot (oder den diplomatischen Schachzug) einzugehen, die Inspektoren wieder ins Land zu lassen.

Ohne Zugang zu den US-Geheimdienstinformationen können wir kaum beurteilen, wie groß die Gefahr ist, die von Saddam ausgeht. Aber nehmen wir doch einmal Folgendes an: Erstens, die Iraker besitzen chemische und biologische Waffen und versuchen, Atomwaffen zu entwickeln. Zweitens, unsere Regierung ist sich nicht sicher, wie nahe der Irak dem Ziel schon ist, über gebrauchsfähige Atomwaffen zu verfügen, aber zum jetzigen Zeitpunkt hat er noch keine. Drittens, der Irak hat in der Vergangenheit chemische Waffen verwendet, auch wenn dies nur während des Kriegs gegen den Iran auf seinem eigenen Staatsgebiet geschah und dazu diente, die Kurden zu unterdrücken. Viertens ist das irakische Regime nach innen und nach außen brutal genug, daß wir seine Bereitschaft, solche Waffen wieder und umfassender einzusetzen oder auch Atomwaffen zu verwenden, sofern es sie entwickelt, nicht ausschließen können. Wir können außerdem nicht ausschließen (obwohl es dafür bislang keine Beweise gibt), daß vom irakischen Militär oder von irakischen Geheimdiensten Massenvernichtungswaffen an Terrorgruppen weitergegeben werden.

Wenn diese Feststellungen heute einleuchtend sind, so waren sie dies schon längere Zeit. Sie verdeutlichen, wie falsch es war, zuzulassen, dass das erste UN-Waffenkontrollsystem zusammenbrach. In den neunziger Jahren, als Saddam mit den Inspektoren sein Versteckspiel spielte, wäre es darum gegangen, einen gerechten und notwendigen Krieg zu führen. Es wäre ein internationalistischer Krieg gewesen, ein Erzwingungskrieg, der seine Gerechtigkeit erstens von dem Kontrollsystem bezogen hätte, dem er Geltung verschafft, und zweitens von seinem wahrscheinlichen Ergebnis: einer Stärkung der UN und der globalen Rechtsordnung.

Obwohl der Irak im Golfkrieg keine Massenvernichtungswaffen einsetzte, enthielt das Friedensabkommen, das nach dem Krieg erzwungen wurde – und von den UN autorisiert und zum Teil implementiert worden war –, Beschränkungen für die Entwicklung und Stationierung solcher Waffen. Als Aggressorstaat war der Irak einer Reihe von Einschränkungen unterworfen, die eine zukünftige Aggression verhindern sollten. Der Irak war ein Staat auf Bewährung, der aufgrund seines früheren Verhaltens der vollen Souveränität beraubt war. Dies war ein gerechtes Ergebnis des Golfkriegs, und das Waffenkontrollsystem bildete dabei ein wesentliches Element.

Als die Inspektoren vor Ort waren, zeigte sich erst, wie intensiv Saddams Regierung an einer Vielzahl schrecklicher Waffen gearbeitet hatte und wie weit die Arbeit bereits gediehen war. Die Inspektionen schienen auch eine Zeit lang tatsächlich Wirkung zu haben: Einige Anlagen und große Mengen gefährlichen Materials wurden entdeckt und zerstört. Aber das politische Gedächtnis ist kurz, Engagement und Koalitionen sind unbeständig. Einige der alten Handelspartner des Irak, vornehmlich Frankreich und Rußland, erneuerten ihre früheren Verbindungen. Mitte der neunziger Jahre gewann Saddam den Eindruck, er könne den Willen der UN und die Koalition von 1991 risikolos testen, und fing an, die Inspektionen hinauszuzögern oder den Inspektoren Zugang zu bestimmten Orten zu verweigern. Und er hatte Recht: Es gab keinen Willen, die Kontrollen zu erzwingen –, nicht bei den UN (die viele Resolutionen verabschiedeten, aber sonst nichts unternahmen), nicht in Europa und nicht bei der Regierung Clinton. Die Vereinigten Staaten waren bereit, ihre Luftstreitkräfte einzusetzen, um die Flugverbotszonen im Norden und Süden des Irak aufrechtzuerhalten, aber sie waren nicht bereit, einen größeren Krieg zu führen.

Wenn die Inspektoren nachdrücklich unterstützt worden wären, wäre ihr Auftraggeber, die UN, erheblich stärker, als er es heute ist, und es wäre viel schwieriger für die USA oder sonst einen Staat, einen Krieg zu planen, ohne die Entscheidungsverfahren der UN zu durchlaufen. Das Versagen in den Neunzigern ist aber nicht leicht wieder gutzumachen, und es hilft auch nicht zu behaupten, die UN seien ein wirksamer Vertreter der globalen Rechtsordnung, wenn sie es nicht sind. Viele Staaten behaupten, daß sie die Erneuerung des Waffenkontrollsystems unterstützen, doch solange sie nicht bereit sind, zu dessen Durchsetzung Zwang auszuüben, bleibt ihre Unterstützung fragwürdig. Sie bekennen sich zur Verteidigung der Herrschaft des internationalen Rechts, aber wie kann das Recht »herrschen«, wenn es keine Rechtserzwingung gibt?

Wenn die Bush-Administration bedauert, die Rückkehr der Inspektoren sei eine »falsche Beruhigung«, dann spiegelt das die allgemeine Überzeugung, die von Saddam geteilt wird, daß unsere europäischen Verbündeten dem Einsatz von Gewalt nie zustimmen würden, wenn es darum ginge, den Inspektoren den ungehinderten Zugang zu den möglichen Stätten der Waffenentwicklung zu sichern. Bis letzte Woche haben die Europäer tatsächlich nicht einmal ernsthaft versucht, das Waffenkontrollsystem wiederherzustellen – wahrscheinlich deshalb, weil sie sich der Frage der Durchsetzung nicht stellen wollten. Die Unterhändler der UN vollführten mit den Unterhändlern des Irak einen diplomatischen Eiertanz, der auf Hinhaltetaktik und letztendliches Scheitern ausgelegt zu sein schien. Auch ist immer noch nicht klar, ob dieser Tanz wirklich beendet ist.

Jede Verzögerung ist jedoch gefährlich, denn wenn Saddam erst einmal über Massenvernichtungswaffen und wirksame Trägersysteme verfügt, wird die Androhung von Gewalt gegen den Irak wesentlich weniger überzeugend sein als heute. Meine Prämisse war aber, daß Saddam über diese Waffen noch nicht verfügt. Falls die Regierung der Ansicht sein sollte, daß der Irak bereits eine Atommacht ist oder um ein Haar eine ist, dann würden die vergangenen Monate, in denen der Krieg zwar angedroht, aber nicht geführt wurde, aus Regierungssicht einer sträflichen Fahrlässigkeit gleichkommen. Wenn allerdings noch Zeit bleibt, dann ist die rasche Wiederherstellung des Waffenkontrollsystems mit Sicherheit die richtige Zielsetzung – und dem »vorgreifenden Militärschlag« *(preemptive war)*, den viele in Washington so eifrig unterstützen, in jedem Fall vorzuziehen.

Vor einigen Monaten hat sich Präsident Bush in einer Rede an der Militärakademie West Point für die Notwendigkeit und Gerechtigkeit eines vorgreifenden Militärschlags gegen den Irak stark gemacht. Aber in Ermangelung von Beweisen, die nicht nur auf die Existenz, sondern auch auf den unmittelbar bevorstehenden Gebrauch irakischer Waffen schließen lassen, ist der »vorgreifende Militärschlag« keine genaue Beschreibung dessen, was der Präsident androht. Niemand erwartet, daß die Iraker schon morgen angreifen, insofern gibt es nichts, dem man vorgreifen kann. Der Krieg, über den man diskutiert, ist präventiv, nicht vorgreifend – man will auf eine ferner liegende Gefahr reagieren.

Das landläufige Argument für den Präventivkrieg ist sehr alt. In seiner klassischen Form hat es mit dem Gleichgewicht der Kräfte zu tun. »Augenblicklich«, sagt der Premierminister des Staates X, »ist das Gleichgewicht stabil. Jeder der konkurrierenden Staaten glaubt, seine Schlagkraft reiche aus, um die anderen von einem Angriff abzuhalten. Staat Y jedoch, unser Erzrivale auf der anderen Flußseite, ist derzeit emsig und unter Hochdruck mit der Entwicklung neuer Waffen beschäftigt, bereitet sogar eine Massenmobilisierung vor. Und wenn wir dieser Entwicklung weiter zusehen, wird sich das Gleichgewicht verschieben und unsere Abschreckungskraft wird unwirksam sein. Die einzige Lösung besteht darin, jetzt anzugreifen, solange wir das noch können.« Völkerrechtler und Theoretiker des gerechten Kriegs haben dieses Argument nie sonderlich geschätzt, weil die Gefahr, auf die es anspielt, nicht nur fernliegt, sondern spekulativ ist, während die Kosten eines Präventivkriegs naheliegen, unausweichlich und normalerweise furchtbar sind. Die entfernten Gefahren könnten schließlich noch durch Diplomatie abgewendet werden, oder man könnte der militärischen Aufrüstung der Gegenseite mit Aufrüstung auf der eigenen Seite begegnen, sich vielleicht auch nach Verbündeten umsehen, die über genügend Abschreckungskraft verfügen. Ob nun Krieg zu Recht der letzte Ausweg ist oder nicht, es gibt offenbar keinen ausreichenden Grund, ihn zum erstbesten Ausweg zu machen.

Das alte Argument für den Präventivkrieg berücksichtigte allerdings keine Massenvernichtungswaffen oder Trägersysteme, die keine Zeit mehr lassen, darüber zu beraten, wie man reagieren soll. Die Kluft zwischen vorgreifendem Militärschlag und Prävention hat sich verringert, so dass dazwischen kaum noch ein strategischer Unterschied (und deshalb ein geringer moralischer Unterschied) besteht. Der Angriff Israels auf den irakischen Atomreaktor im Jahr 1981 wird manchmal als ein Beispiel für einen gerechtfertigten Präventivangriff angeführt, der sozusagen gleichzeitig vorgreifend war: Die Bedrohung durch den Irak stand nicht unmittelbar bevor, aber ein umgehender Angriff war die einzig angemessene Aktion dagegen. Wäre der Reaktor erst einmal in Betrieb, hätte ein Angriff Tausende Zivilisten gefährdet, die im Bereich des Meilers leben. Es war also eine Frage des »Jetzt oder nie«. Ein einzelner Angriff konnte nur jetzt wirksam sein, nicht aber später; danach hätte nur ein regelrechter Krieg den Irak am Erwerb von Atomwaffen hindern können.

Sollte dieses eingeschränkte Argument für den Präventivkrieg in der Situation von 1981 richtig gewesen sein, so gilt es längst nicht für die USA im Jahr 2002. Der Irak befand sich bereits formal im Krieg mit Israel, und seine Feindseligkeit war sichtbar, bedrohlich und unmittelbar. Hört man die jüngsten Reden von Saddam, könnte man den Schluß ziehen, Israel habe nach wie vor Grund für einen Präventivangriff auf irakische Ziele, und einige andere Nachbarn des Irak könnten ebenfalls Grund dazu haben. Zumindest stehen sie vor einer realen Bedrohung. Ich meine aber, daß es keinen Grund für Amerika gibt, selbst wenn wir beanspruchen, die Nachbarn zu vertreten – die uns dazu nicht autorisiert haben und deren Bürger in einem Krieg grundsätzlich gefährdet wären. Der Beispielfall des »Jetzt oder nie« verstärkt das Argument für Waffenkontrollen: Die ersten UN-Inspektoren überwachten die Zerstörung von Anlagen, bei deren Bombardierung aus der Luft Gefahr bestanden hätte. Noch bleibt Zeit für sie, das erneut zu tun.

Die Reaktion der US-Regierung stützt sich, soweit ich das erkennen kann, auf zwei Überlegungen. Erstens, die Inspektoren werden niemals in den Irak gelangen oder werden nie wirksam arbeiten können, wenn sie dort sind, solange keine Bereitschaft besteht, dafür zu kämpfen – und niemand bei den UN oder in Europa ist ernsthaft dazu bereit. Inspektionen bedeuten Verzögerung und Verzögerung wiederum ist gefährlich. Jetzt zu kämpfen ist besser. Aber »jetzt« ist ein ziemlich dehnbarer Begriff. Natürlich gibt es Mitglieder der Bush-Administration, die meinen, daß die Verzögerungen der letzten

Monate und die wahrscheinlichen Verzögerungen der kommenden Monate nicht so furchtbar gefährlich seien. Und die Inspektoren könnten vermutlich – im genaueren Wortsinne – schon »jetzt« an der Arbeit sein, hätte es den Willen gegeben, sie zu entsenden.

Zweitens würden die Inspektoren, so wirksam sie auch wären, das Regime von Saddam Hussein nicht stürzen, obwohl ihre Anwesenheit und ihre Arbeit das Regime sicherlich schwächen würden. Ein Regimewechsel wird jedenfalls gemeinhin nicht als Rechtfertigung eines Krieges akzeptiert. Die früheren Fälle sind nicht ermutigend: Guatemala, die Dominikanische Republik, Chile, Ungarn und die Tschechoslowakei erinnern an die schlimme Zeit der »Einflußsphären« im Kalten Krieg und ideologisch motivierter militärischer oder geheimdienstlicher Interventionen. Ein Regimewechsel kann manchmal die Folge eines gerechten Krieges sein – wenn die besiegten Herrscher moralische Ungeheuer waren wie die Nazis. Auch humanitäre Interventionen, um Massaker und ethnische Säuberungen zu unterbinden, können legitimerweise zur Einsetzung eines neuen Regimes führen. Nun, da eine Sicherheitszone für die Kurden im Norden eingerichtet worden ist, gibt es aber keinen zwingenden Grund für eine humanitäre Intervention im Irak. Das Regime in Bagdad ist äußerst repressiv und moralisch abstoßend, doch es verübt keine Massenmorde oder betreibt ethnische Säuberungen. Überall auf der Welt existieren ähnlich schlimme Regime.

Der einzige zwingende Grund, Saddam ins Visier zu nehmen, ist die Überzeugung, daß er es nie aufgeben wird, Massenvernichtungswaffen anzustreben. Doch selbst das ist nicht einleuchtend. Angesichts einer geeinten internationalen Gemeinschaft, die sich auf die Erzwingung eines Waffenkontrollabkommens verpflichtet hat und dafür Soldaten in Bereitschaft hält, würde Saddam sein Vorhaben sicherlich vorläufig aufgeben – und diese Aussetzung würde solange Bestand haben wie die Verpflichtung der Gemeinschaft. Viele andere Regime, darunter auch demokratische wie Indien, versuchen, solche Waffen zu entwickeln oder haben sie bereits. Wie können wir also sicher sein, daß künftige irakische Herrscher Saddams Projekt nicht wieder aufnehmen werden? Wenn uns an der Sicherheit der Nachbarn des Irak gelegen ist, ist die Waffeninspektion eine verläßlichere Lösung als der Regimewechsel.

Was man jetzt tun sollte, ist, die Bedingungen wiederherzustellen, die Mitte der neunziger Jahre einen gerechten Krieg ermöglicht hätten. Und wir müssen dies gerade deshalb tun, um den Krieg zu verhindern, den viele in der Bush-Administration wollen. Wenn die Europäer den amerikanischen Unilateralismus wirklich in Frage stellen wollten, dann hätten sie diese Bedingungen schon vor Monaten selbst wiederherstellen können. Keine Regierung in Bagdad hätte sich einem europäischen Ultimatum widersetzen können, solange alle Staaten, einschließlich Frankreich und Rußland, die den Irak protegierten, hinter der Forderung gestanden hätten und solange das Ultimatum ökonomisches wie militärisches Handeln eingeschlossen hätte. Warum haben die Europäer das nicht getan? Bush sprach von einem »schwierigen und entscheidenden Augenblick« für die UN, aber in Wirklichkeit sind es die Europäer, die jetzt auf dem Prüfstand stehen. Bislang deutet ihr Verhalten darauf hin, daß sie jedes Gefühl von sich als unabhängige und verantwortliche Akteure in der Weltgesellschaft verloren haben. In einem Interview mit der *New York Times* hat der deutsche Kanzler die erstaunliche Feststellung geäußert, wenn die US-Regierung mit Krieg drohe, blockiere sie jede Anstrengung, die Waffeninspektionen wiederherzustellen. Ich fürchte, das Gegenteil ist richtig: Ohne die Drohung würde es überhaupt keine Anstrengung geben.

Aufgrund der Überzeugung, daß Frankreich, Rußland und andere europäische Staaten (ausgenommen Großbritannien) zur Beschwichtigung tendieren, haben die USA keinen eigenen Vorstoß zur Wiederherstellung des Waffenkontrollsystems gemacht. Doch genau das sollten wir tun. Zusammen könnten Europa und die USA das erforderliche System sicherlich durchsetzen, so daß die Inspektoren Ort und Zeit ihrer Kontrollen frei bestimmen können. Das ist eine Möglichkeit, den Krieg mit dem Irak zu vermeiden oder zumindest hinauszuschieben. Die Inspektoren sollen an die Arbeit gehen, aber wir dürfen die alten Fehler der neunziger Jahre nicht wieder begehen: Wir müssen ihnen mit vereinten Kräften sichtbar Rückhalt geben. Der Krieg ist weder die richtige noch die bestmögliche Lösung. Das einzig wirkliche Argument für den Krieg ist vielmehr, daß es keine verbindliche Festlegung der internationalen Staatengemeinschaft auf nicht-kriegerische Maßnahmen gibt, die der Kriegsandrohung bedürfen. Ich denke, man kann fairerweise sagen, daß viele einflußreiche Europäer, sowohl aus dem politischen als auch aus dem intellektuellen Spektrum, einen unilateralen Krieg der Amerikaner einer Kriegsbereitschaft der Europäer vorziehen würden – selbst wenn »Bereitschaft alles ist«, um Shakespeare zweckentfremdet zu zitieren, und ein Krieg vermieden werden könnte.

Wir können uns also jetzt der härtesten politischen Frage zuwenden: Was müßte getan werden, wenn das, was getan werden müßte, nicht getan wird? Wir sollten darauf nicht vorschnell antworten. Wenn Unentschlossenheit und Hinhaltetaktik kein Ende finden sollten – falls die Inspektoren nicht in den Irak dürfen oder wenn sie hinein dürfen, aber nicht wirksam arbeiten können, falls die Zwangsandrohung nicht glaubwürdig gemacht werden kann und falls unsere Verbündeten keinen Handlungswillen zeigen –, wenn das so sein sollte, dann werden wahrscheinlich viele von uns innerlich widerstrebend letztlich den Krieg unterstützen, den die Regierung Bush anscheinend unbedingt führen will. Augenblicklich stehen aber andere Dinge an, und es ist noch Zeit, sie zu tun. Der Krieg, den die Bush-Administration führen will, ist weder gerecht noch notwendig.

Aus dem Amerikanischen von Karin Wördemann

Alte Linke – Neue Kriege

Nachwort von Otto Kallscheuer

»Schon vor dem 11. September war ich ein Patriot«
Michael Walzer (Gespräch mit der *taz*, 24. Nov. 2001)

I

»Can there be a decent left?« – fragte Michael Walzer in der letzten Frühjahrsausgabe der Zeitschrift *Dissent* (2002). Die Frage beschäftigt ihn nicht zum ersten Mal. Sieht man von seiner Dissertation über die politische Ethik der frühneuzeitlichen calvinistischen »Heiligen« (1965) ab – eine akademische Arbeit, welche sich ebenfalls mit der (Vor-)Geschichte der westlichen Linken befaßte –, so hatten ja bereits Walzers erste Aufsätze und Bücher (1970, 1971) dem moralischen Anspruch, dem politischen Handeln und dem staatsbürgerlichen Ort der amerikanischen Bürgerrechts- und Anti-Vietnam-Bewegungen gegolten.

Wie sein politischer Mentor Irving Howe, der 1995 verstorbene Gründer und erste Herausgeber der Zeitschrift *Dissent*, ist Walzer ein Vertreter der sich aus den Traditionen der Arbeiterbewegung speisenden »Old Left« (siehe seine Kritiken an der »New Left« in Walzer 1980). Und ähnlich wie sein in etwa gleichaltriger Kollege und politischer, nicht unbedingt philosophischer Gesinnungsgenosse Richard Rorty sieht Walzer in den Folgen des Vietnam-Traumas in der amerikanischen Linken eine der historisch verhängnisvollen Wurzeln ihrer aktuellen Einflußlosigkeit und Handlungsunfähigkeit. Genauer: in der

1964 einsetzenden und sich nach dem amerikanischen »1968« verfestigenden Spaltung zwischen Alter und Neuer Linker, die sich bis heute – schematisch pointiert – im Kontrast zwischen den Reformisten der Old-Left-Tradition und der Diskurspolitik von postmarxistischen Dekonstruktivisten der ehemaligen New Left wiederfinden läßt (vgl. Rorty 1998).

Reformistische »Liberals« oder demokratische »Socialists« der politischen Generation des Kalten Krieges, die Walzer heute als einer der geachtetsten politischen Theoretiker der Vereinigten Staaten repräsentiert, haben sich gerade als antitotalitäre Linke doch stets zugleich als amerikanische Patrioten verstanden (vgl. Walzer 1982). Ihre amerikanische Identität leugnen zu wollen, wäre geradezu absurd, wollten und wollen sie doch die sozialpolitischen Traditionen des Rooseveltschen »New Deal«, das Programm einer demokratischen Aufklärung des pragmatistischen Philosophen und Pädagogen John Dewey und in der Außenpolitik das internationalistische und multilateralistische Erbe eines Woodrow Wilson fortsetzen. Sie suchen also die Verbindung zu Aktivisten der demokratischen Partei, zu den Gewerkschaften, zu sozialen, kirchlichen u. a. Bürgerinitiativen. Auch manche politischen Impulse der »kommunitaristischen« Bewegung (Bellah u. a. 1987; 1991) und viele Drahtzieher im (um Amitai Etzionis Zeitschrift *The Responsive Community* gesponnenen) »Communitarian Network« kommen aus dieser Alten Linken.

Die neomarxistische »New Left« hingegen sah spätestens den Vietnamkrieg als schlagenden Beleg dafür an, daß die gesamte amerikanische Politik, insbesondere der von vielen Aktivisten der Alten Linken geteilte Antikommunismus, nichts als Dienst am Imperialismus sei. Sie orientierten sich politisch eher an antiimperialistischen Bewegungen der Dritten Welt – heute der Antiglobalisierungsbewegung. Aus den politischen Niederungen der demokratischen Partei oder der Gewerkschaftslobbies zogen sie sich in die Literatur-Departments der Universitäten zurück, um dort »politisch korrekte« (antirassistische, antisexistische, antiimperialistische) Theorie und Ideologiekritik zu betreiben, wobei sie aus (Neo-)Marxismus, (Post-)Strukturalismus,

(Neo-)Pragmatismus, (Neo-)Historismus usw. immer neue »dekonstruktionistische« Theoriemischungen variierten.

Wie jede Vereinfachung ist diese schematische Gegenüberstellung von Alter und Neuer Linker natürlich nur *cum grano salis* zu verstehen. Immerhin reicht selbst diese Karikatur hin, um Michael Walzers bekannte Unterscheidung zwischen dem »verbundenen« Gesellschaftskritiker und dem »distanzierten«, seiner Gesellschaft entfremdeten Theoretiker auch aus seiner eigenen politischen Geschichte zu verstehen – um ihren »Sitz im Leben« zu verorten (1990, 1991 und zuletzt sein Beitrag in Wenzel 2002)

II

Nach dem 11. September formuliert Walzer eine Kritik, die sich auf seine Erfahrungen in oder mit den folgenden Kriegs- und Antikriegsdebatten in den Vereinigten Staaten bezieht. Seine Bilanz ist für die weiland »neuen« linken Radikalen ziemlich niederschmetternd: Nach dem ersten Schockmoment des Zusammenbruchs der New Yorker Zwillingstürme (Walzer wohnt selbst in Manhattan), der Angst um die eigene Familie, des Mitgefühls mit Opfern und Angehörigen, den Helden der Rettungsaktionen ... sei die intellektuelle Linke Amerikas ziemlich schnell in ihre eingefahrenen Reflexe zurückgefallen.

In einem wenige Wochen nach dem Schock verfaßten Artikel skizziert Walzer (2001) die verschiedenen Varianten der Entschuldigung oder Verharmlosung des Al-Quaida-Terrors, die ihm bei den Diskussionen über Ursachen, Bewertung und politische Schlußfolgerungen des 11. September begegnet sind (siehe den vorletzten Essay des vorliegenden Buches):

(1) Die These, Terror sei die »letzte Option« von verzweifelten Extremisten, entzieht sich jeder Überprüfung; tatsächlich wurden und werden die terroristischen Massaker methodisch vorbereitet. (Wir können uns zudem Mohammed Atta oder Osama bin Laden nur schwer als verzweifelte Verdammte dieser Erde vorstellen.)

(2) Daß die Terroristen »schwach« seien und nur darum kein anderes siegreiches Kampfmittel zur Verfügung haben als den Massenmord, verwischt gleich zwei Aspekte ihrer Schwäche: Sie mögen schwach gegenüber ihrem Gegner sein (dem Westen, den USA); aber vor allem sind sie schwach gegenüber ihrer eigenen Anhängerschaft (hier: den arabischen Massen). Und wenn sie deren Wut zum Ausdruck bringen wollen (um sich deren Sympathie zu »erbomben«), so hat sie doch niemand dazu befugt.

(3) Die These schließlich, »letztlich« sei auch die Politik der Mächte und Staaten des Westens und seine ökonomische Vorherrschaft in ihrer strukturellen Gewalt »nichts anderes als Terror« – oder: »des einen Terrorist sei des anderen Freiheitskämpfer« –, steht für eine völlig entmoralisierte Sicht der internationalen Beziehungen. Nicht nur Kriege werden so als bloße Gewaltkonfrontationen verstanden (wie in der »realistischen« Kriegslehre). Eine noch weiter enthemmte, enthegte Vision von Machtkonflikten wird nunmehr auch auf die »globalisierte« Weltinnenpolitik ausgedehnt, und so werden dann Zivilisten in den USA, in den westlichen Ländern, in Israel zu beliebigen Kriegsopfern.

(4) Denn, so lautet die nächste Entschuldigung, es gibt letztlich keine Unbeteiligten, keine Unschuldigen: *Alle* Amerikaner sind im Kriegszustand mit dem wahren Islam der dschihadistischen Kämpfer; *alle* Bürger des Westens sind Nutznießer seiner imperialistischen Vergangenheit; *alle* Israelis sind im Kriegszustand mit den Aspirationen der palästinensischen Nation auf das gesamte Territorium von Israel/Palästina. Hierher gehört auch klammheimliche oder offene »Schadenfreude«, die zahlreiche Bürger nicht-beteiligter Nationen hegen, die sich zu Recht oder zu Unrecht als Opfer der USA oder des Westens sehen.

Und (5): So schrecklich auch die bedauernswerten Opfer des 11. September 2001 seien, der »Krieg gegen den Terror« drohe aufgrund seiner Gefahren für die Bürgerfreiheiten, seiner Folgen für den Weltfrieden (usw.) noch viel furchtbarer zu werden: Das Heilmittel werde hier schlimmer als die Krankheit.

III

Natürlich steht nicht allein die Linke hilflos vor der Frage: »Wie lassen sich die demokratischen Institutionen so stärken, daß sie in Zeiten überleben können, da Regierungen das nicht länger garantieren können, was Präsident Bush *homeland security* nennt? Das ist tatsächlich ein ganz neues Problem. Die Zivilisation wird jetzt nicht einfach durch abtrünnige Staaten wie Hitlers Deutschland oder Milosevics Serbien bedroht, sondern von Menschen, die weder im eigentlichen Sinne feindliche Soldaten noch im üblichen Sinne Verbrecher sind« – wie Richard Rorty in *The Nation* schrieb (21. Okt. 2002).

Doch aus der Haltung, welche die USA nur als weltweiten Übeltäter wahrzunehmen in der Lage ist, wird jedes rationale Verständnis der Motive und Ursachen des islamistischen Terrorismus gänzlich unmöglich. Im Gegenteil: Das während der 60er und 70er Jahre in Protestbewegungen wider den Vietnamkrieg und den amerikanischen Bananenrepublik-Imperialismus entstandene Bild der Vereinigten Staaten als »globaler Tyrann, der reich, privilegiert, egoistisch, hedonistisch und hoffnungslos korrupt ist«, entspricht auf fatale Weise dem in weiten Teilen der arabischen Welt von islamistischen Radikalen verbreiteten (Anti-)Amerika-Stereotyp. Die Suche nach einer verantwortlichen polizeilichen, militärischen und politischen, auch ideologischen oder kulturellen Antwort westlicher Demokratien auf die neuen, von terroristischen Netzwerken und der diffusen Verbreitung von (alten und neuen) Massenvernichtungswaffen ausgehenden Gefahren ist mit solchen antiimperialistischen Schablonen natürlich unmöglich.

Daß sich die radikale Linke der USA auf die Rolle des moralisch »reinen« Zuschauers beschränkt, der sich die Hände in Unschuld wäscht, ist für Walzer ihren längst zu ideologischen Schablonen geronnenen Scheuklappen zuzuschreiben, deren er vier nennt: (1) Ein ideologischer Marxismus und eine ökonomistische Imperialismustheorie mache es diesen Radikalen unmöglich, die Motivationskraft und neue politische Rolle der Religionen in der Weltpolitik zu begreifen. (2) Ihre Einflußlosigkeit habe die amerikanische Linke mit einer ihr längst schon selbstverständlichen Entfremdung gegenüber der Mehrzahl ihrer Mitbürger kompensiert oder rationalisiert. (3) Die Überzeugung, stets Amerika zuerst auf die Anklagebank setzen zu müssen, sichere dieser Linken zugleich mit ihrer vermeintlich moralischen Überlegenheit ihr zwangsläufiges politisches Scheitern. Und (4): Die Kehrseite davon sei dann der Glaube, auf Kritik an anderen kein Recht zu haben, wenn diese ärmer, unterdrückter, schwächer sind als wir Bewohner der Metropolen des Kapitals.

Diese letzte Haltung aber verbirgt für Walzer eine eigentümliche Herablassung, spricht sie doch den Unterdrückten und Beleidigten, denen unsere, die westliche Solidarität gelten soll, *eo ipso* die Würde von »moral agents«, von moralisch verantwortlichen Subjekten ab: »Auch die Unterdrückten haben Verpflichtungen, und gewiß besteht die erste dieser Verpflichtungen darin, keine unschuldigen Menschen zu ermorden, also den Terrorismus nicht zur Methode der Politik zu machen. Linke, die auf diesem Punkt nicht bestehen können – auch gegenüber Menschen, die ärmer und schwächer sind als sie selbst –, haben ebenso die Politik wie die Moral bereits aufgegeben. Radikal sind sie nur in ihrer Erbärmlichkeit« [*Dissent*, Frühjahr 2002].

Wenn Walzer die Vertreter solcher Thesen eine »idiotische« Linke schimpft, meint er damit nicht nur den offenbaren Schwachsinn von kritischen Kritikern, die Osama bin Laden zum Wortführer der unterdrückten und beleidigten islamischen Massen ernennen – eine heute gerade von kritischen Muslimen in Frage gestellte Deutung des dschihadistischen Terrors (Kermani 2002; Meddeb 2002; siehe auch Preuß 2002). Die Idiotie ist auch im etymologischen Sinne wörtlich zu nehmen. Der »idiotes« (Eigensinnler) ist im Griechischen der Privatmann, der sich allen gemeinschaftlichen Verpflichtungen von Bürgern in der Polis entzieht.

Eine idiotische Linke weigert sich in der Kriegsfrage, inter- und transnationale Konflikte und Kämpfe überhaupt in einem Raum moralischer Verantwortung zu diskutieren. Ihre Interpretation von Terrorakten als Taten antiimperialistischer Freiheitskämpfer stellt somit nur die kolonialen Machtbeziehungen gewaltsamer Selbstbehauptung auf den Kopf – legitimiert sie als Sehnsucht der Unterdrückten und Beleidigten, endlich selber das Heft in die Hand zu bekommen. Der Theoretiker wird dann vom Betrachter zum imaginären Teilnehmer des Konfliktes durch seine existentielle Entscheidung für eine der beiden Seiten im Krieg zwischen Herrschern und Unterdrückten, zwischen Empire und »multitudo«.

IV

Walzers Frage »Can there be a decent left?« ist keine rhetorische Frage: Kann es im Herzen einer die Agenda der Weltpolitik dominierenden, wenngleich nicht unverwundbaren Supermacht – *der* einzig verbliebenen globalen Macht – überhaupt eine zugleich intelligente, verantwortliche und moralisch vertrauenswürdige linke Haltung geben? Oder bleibt die amerikanische Linke – im Bewußtsein der *auch* imperial gewachsenen, moralisch »unverdienten« Vormacht des Westens (und der Vereinigten Staaten *im* Westen) – zu jener »Kombination aus Verbitterung und Denkfaulheit« verurteilt, die Philip Roth in *Mein Mann, der Kommunist*, einem seiner jüngsten Romane, porträtiert und karikiert?

Gibt es wirklich keine moralisch und politisch relevanten Alternativen, die es erlauben, radikale Kritik mit einem aufrichtigen, gleichwohl glaubwürdigen Patriotismus zu verbinden? Nun, es gibt diese Haltung durchaus – und Michael Walzer nennt bereits in seinem längst klassischen Werk *Just and Unjust Wars* (1977) zahlreiche historische Vorläufer, Analogien, Vergleichsfälle zur Beurteilung von Kriegsursachen, Kriegszielen und Kriegsführung.

Es geht dabei um Parallelen, an denen im Vergleich von Erfahrungen und Konfliktlagen aus der Haltung von Linken oder moralisch glaubhaften Gesellschaftskritikern in den Metropolen bei vergangenen imperialistischen Konflikten gelernt werden kann: Vom, wie er im zweiten Essay dieses Bandes schreibt, »heroischen« Protest der katholischen Universität Salamanca wider die Eroberung Mexikos durch die allerkatholischste spanische Monarchie im 16. bis zur Kritik John

Stuart Mills am britischen Empire im 19. Jahrhundert; von der Haltung der britischen Linken zum Burenkrieg in Südafrika bis zur bei aller Kritik doch mit den französischen »pieds-noirs« verbundenen Opposition Albert Camus' gegen den Algerienkrieg. Eine Haltung, die sich deutlich – und für Walzer (1990) positiv – von der verbal-radikalen Haltung Jean-Paul Sartres und Simone de Beauvoirs und ihrer kritik- und bedingungslosen Unterstützung der FLN unterschied.

Als Vorbild der Haltung von derart »verbundenen Kritikern« nennt Walzer stets George Orwells Verteidigung des Patriotismus – er hat schließlich Orwell, Camus, Sartre u. a. Gesellschaftskritikern eindrucksvolle politisch-moralische Porträts gewidmet – und Amos, seinen Lieblingspropheten aus dem Alten Testament (Walzer 1990; 1991).

Denn anders als durch Interpretation (Walzer 1990), durch den Vergleich analoger Dilemmata in differenten historischen Erfahrungen, ist die »moralische Welt« der Verpflichtungen und Grenzen verantwortlichen Handelns überhaupt nicht zu entdecken, auch nicht der moralische Raum des Krieges (Nevola 1988): weder die Normen spezifischer Verpflichtungen, auf ganz bestimmte Gruppen (Walzer 1998) oder soziale Verteilungsdimensionen bezogen (Walzer 1983), noch die unbedingten, unter allen Umständen einzuhaltenden Verpflichtungen eines »wiederholenden Universalismus« (Walzer 1996). Zu diesen aber gehören gerade die moralischen Minimalstandards der internationalen Beziehungen – deren Vorläufer Walzer bereits im Alten Testament dechiffriert.

Auch der Aufbau des vorliegenden Bandes impliziert daher keine deduktive Ableitung: Aus den Grundsätzen der pragmatischen Utopie eines wohlgeordneten internationalen Systems, aus der Lehre vom erlaubten Krieg und den ethischen Regeln des *jus in bello* (Ethik der Kriegsführung) im ersten Teil lassen sich die Lösungen der schwierigen Fälle keineswegs umstandslos ableiten. Die kritischen Fälle im zweiten Teil klären und erhellen die Grenzen des moralisch Erlaubten – sie mögen aber aufgrund konkreter Erfahrungen diese Grenzen (wie bei der Frage humanitärer Intervention) auch modifizieren. Die letzten Beiträge versuchen die Aktualität moralisch zu beschreiben und die Frage der Legitimität eines »preemptive strike« amerikanischer Truppen zur Entwaffnung des Irak zu beurteilen. Im Lichte der Kenntnisse Anfang des Jahres 2003 fällt Walzers Antwort abschlägig aus.

V

Die Lehre vom »gerechten« oder besser »gerechtfertigten Krieg« (vgl. Tugendhat 1985), der Walzer in *Just and Unjust Wars* und auch in den Essays dieses Bandes kritisch folgt, hat vor allem eine Funktion: den Krieg, d. h. militärisch organisierte Massengewalt zu begrenzen, internationale Gewalt nicht nur in einem staatlich gehegten, sondern auch in einem moralischen Raum politischer Verantwortung anzusiedeln.

Dies ist freilich in der deutschen Diskussion über das im Februar 2002 von sechzig amerikanischen Intellektuellen unterschiedlichster politischer Couleur unterschriebene Manifest »What We Are Fighting For«, zu dessen Unterzeichner neben Sam Huntington, Francis Fukuyama, Jean Elshtain u. a. auch Michael Walzer gehörte, überhaupt nicht verstanden worden (wozu möglicherweise der Name des »Institutes für Amerikanische Werte« beitrug).

Peter Schneider bezeichnete den Rückgriff auf die Lehre vom gerechten Krieg als Fehlgriff, da sie »vom Kirchenvater Augustin systematisch entwickelt und im Mittelalter zur propagandistischen Vorbereitung von Kreuzzügen mißbraucht [worden sei], die zu den großen Verbrechen des christlichen Abendlandes gehören« [*Der Spiegel*, Nr. 35/2002].

Nun, die scholastische Lehre vom gerechten Krieg (Engelhardt 1980), zu der sich beim Heiligen Augustinus allenfalls Ansätze finden, wurde zwar im Hochmittelalter u. a. vom Heiligen Thomas von Aquin skizziert. Als gerechtfertigt kann demnach nur ein Krieg gelten, der von einer legitimen Autorität erklärt, für eine gerechte Sache ausgefochten und mit rechter Absicht geführt wird (auctoritas principis, causa iusta, intentio recta: *Summa theologiae*, IIa IIae, qu. 40, art. 1). Ihre systematisch ausgeprägte Gestalt aber erhält diese Doktrin erst in der spanischen Spätscholastik, durch Theologen wie Francisco de Vitoria, Francisco Suarez und Luis de Molina – und beim niederländischen reformierten Juristen Hugo Grotius.

Die Lehre vom gerechten Krieg, die hier natürlich nicht dargestellt werden kann, entsteht also in der Auseinandersetzung mit zwei Elementen der politischen Neuzeit: der Ausbildung des völkerrechtlichen Souveränitätsbegriffs im heute gerne (nach dem Frieden von Münster und Osnabrück von 1648) so genannten »westfälischen« Staatensystem (Hehir 1995) – und der Begrenzung der Machtansprüche territorialer und maritimer Imperien in der Neuen Welt und im Indischen Ozean.

Statt einer Ermächtigung zum Heiligen Krieg begleitet die Lehre vom *bellum justum* somit nach dem Auseinanderfallen der *res publica christiana* in den Religionskriegen der frühen Neuzeit die Trennung von Religion und Politik. Sie legitimiert das religionsfreie *jus gentium* (Völkerrecht) und begrenzt nicht nur die legitimen Kriegsgründe (auf causae der Verteidigung und Wiedergutmachung), sondern vor allem auch die Kriegsführung: Das *jus in bello* verbietet nicht nur die Tötung, Brandschatzung, Verfolgung unbeteiligter Zivilisten, sondern verlangt die Beachtung der Verhältnismäßigkeit der Mittel (und Gewalttaten) auch für die sogenannten »Nebenfolgen« (siehe dazu im vorliegenden Buch die beiden Aufsätze zur Ethik der Kriegsführung und den dritten Teil von *Just and Unjust Wars.*)

Auch in der jüngsten politischen Vergangenheit hat die Lehre vom gerechten Krieg begrenzend auf die mögliche Vorbereitung und Führung von Kriegen gewirkt, v. a. als »nuklearpazifistische« Kritik an der durch keine Proportionalität mehr gedeckten Zerstörungskraft der Atombombe (Tugendhat 1985) – so 1960 etwa in Deutschland mit der offenen Kritik von Wolfgang Böckenförde und Robert Spaemann an der Rechtfertigung der atomaren Bewaffnung durch den »papstnahen« Theologen Gustav Gundlach (jetzt in Spaemann 2001); in den USA etwa in den Arbeiten der bedeutenden Moraltheologen John Courtney Murray (1960) und J. Bryan Hehir (1992, 1995), nicht zuletzt im berühmten Hirtenbrief der US-amerikanischen katholischen Bischofskonferenz *The Challenge of Peace: God's Promise and Our Response* (1983).

Damit richtet sie sich ebenso gegen einen prinzipiellen (ob »naiven« oder bewußt »gesinnungsethischen«) Pazifismus wie gegen einen (ob »kruden« oder »reflektierten«) Realismus in der Analyse und Bewertung internationaler Beziehungen. Dieser nämlich erkennt in den internationalen Beziehungen jenseits der souveränen Staatsräson und ihrer Sicherheitsinteressen keine weiteren normativen Kriterien mehr an (Kennan 1985) – und reproduziert damit theoretisch und praktisch einen »Hobbesianischen Zustand« (Beitz 1979) der internationalen Anarchie. Doch Walzers historische Moral des gerechten Krieges richtet sich auch gegen den idealistischen Interventionismus vieler »wilsonianischer« Internationalisten und menschenrechtlicher Aktivisten, wenn er das völkerrechtliche Prinzip der Nichtintervention in die Angelegenheiten souveräner Staaten in seinem Hauptwerk zur Kriegslehre weitgehend verteidigt und erst in den letzten Jahren vorsichtig Ausnahmen erlaubt (siehe in diesem Buch seinen Essay zur »Politik der Rettung«, vgl. *Social Research* 1995).

Neuerlich sind freilich gerade frühere Befürworter menschenrechtlicher Interventionen aufgrund der Erfahrungen – in Somalia, Bosnien, Kosovo – skeptischer geworden (Ignatieff 2001, 2002; Biddle 2002; Rieff 2002; Evans/Sahnoun 2002).

VI

Ein prinzipiell pazifistisches »Nein!« muß hingegen bei der Beurteilung der jüngsten militärischen Interventionen Amerikas und seiner Verbündeten die moralischen und (völker- wie kriegs-)rechtlichen Details gar nicht beachten, um die es Walzer in den Analysen, Erklärungen und Kritiken dieses Bandes geht: um den von der UNO autorisierten Golfkrieg von 1991, um das (zu) späte Eingreifen des Westens in Bosnien, um den Luftkrieg in Serbien und im Kosovo, um die Intervention in Afghanistan nach dem 11. September 2001, und nun, im Jahre 2003, vielleicht erneut am Golf, bei einem »preemptive strike« amerikanischer und britischer Einheiten gegen Saddam Husseins Regime, vielleicht gar ohne Beschluß des UN-Sicherheitsrates.

Auch die antiimperialistische Kritik hat jeden Einsatz amerikanischer Militärmacht unterschiedslos und mit einem Automatismus abgelehnt, der häufig jede konkrete Analyse für überflüssig hielt, also auch gar keine zugleich moralische und realistische Alternative aufzeigen konnte oder wollte. Mit den (relativen) Erfolgen (oder Mißerfolgen) der westlichen Militäraktionen hat sich diese amerikanische wie antiamerikanische Linke daher meist nicht auseinandergesetzt.

Darum auch nicht – wie Walzer moniert – »mit der Begeisterung, mit der so viele Afghanen diesen Erfolg [der amerikanischen Militäraktionen wider das Taliban-Regime] begrüßten. Die Bilder von Frauen, die der Welt ihre lachenden Gesichter zeigten, von Männern, die ihre Bärte abrasierten, von Mädchen in der Schule, von Jungen, die in kurzen Hosen Fußball spielten. All das war zweifelsohne ein Schlag ins Gesicht linker Theorien über den amerikanischen Imperialismus, aber es war auch politisch entwaffnend. Es gab (und es gibt) immer noch Grund zur Sorge: Flüchtlinge, Hunger, viel zu wenig Recht und Ordnung. Aber plötzlich war klar, selbst für viele Gegner des Krieges, daß das Taliban-Regime das größte Hindernis bei jedem ernsthaften Versuch zur Bekämpfung der sich abzeichnenden humanitären Krise dargestellt hatte; und es war der Krieg der Amerikaner gewesen, der dieses Hindernis beseitigt hatte.« [*Dissent*, Frühjahr 2002]

Walzer war ein kritischer Befürworter der US-amerikanischen Intervention in Afghanistan – freilich nicht des Schwergewichts auf dem »Luftkrieg«. Denn einen »virtuellen« Krieg aus der Distanz der Lufthoheit, wie ihn etwa Michael Ignatieff (2001) für die westliche Intervention im Kosovo beschrieben und kritisiert hat, lehnt Walzer ab, wie dies auch im vorliegenden Band deutlich wird – siehe seinen Essay »Zur Politik der Rettung« und seine Stellungnahme zum Kosovo-Krieg (1999). Dabei geht es Walzer nicht allein um mangelnde strategische Effektivität (vgl. etwa Biddle 2002). Diese könnte ja, nach der »Generalprobe« in Afghanistan, auch verbessert werden, wie heute etwa der Strategie-Experte Edward Luttwak (2003) vermutet.

Nein, beim Übergang zum »postheroischen Krieg« (Luttwak 1995) durch informationsgesteuerte Operationen aus der Ferne steht auch die moralische Glaubwürdigkeit militärischer Aktionen des Westens auf dem Spiel: »Sind Länder mit Armeen, deren Soldaten nicht in Gefahr gebracht werden dürfen, moralisch oder politisch für eine Intervention qualifiziert?« Hier zeigt sich die kritische Funktion der Lehre vom gerechten Krieg: Die Kriegführung freiheitlicher Demokratien muß sich für Walzer von den heimtückischen Erfolgskriterien totalitärer Massenvernichtung und terroristischer Effizienz unterscheiden.

»Unsere neuen Feinde« – so Richard Rorty (2002) – »sind Menschen, die weit von unseren Grenzen entfernt operieren und die – möglicherweise ohne Wissen der Regierung des Landes, wo sie sich gerade aufhalten – nukleare oder biologische Waffen herstellen. Sie können diese in einem Container unterbringen, der dann auf der anderen Seite der Welt von einem Schiff direkt in einen Zug verladen wird. Dann müssen sie nur dafür sorgen, daß jemand auf einen Knopf drückt, wenn der Wagen in einer bestimmten Stadt angekommen ist. Wir nennen eine solche Person einen Terroristen, weil wir keinen besseren Ausdruck kennen, aber im Grunde haben wir keinen Begriff davon, welche Institutionen, welche Formen politischer Praxis wir bräuchten, um mit ihnen fertig zu werden. [...] Wenn wir [westliche Demokratien] solchen Angriffen nicht zuvorkommen können, so können wir sie dennoch überleben. Wir mögen sogar die Kraft haben, unsere demokratischen Institutionen selbst dann zu bewahren, nachdem wir feststellen mußten, daß unsere Städte nie mehr unverletzlich sein werden. Wir können vielleicht sogar an den moralischen Errungenschaften des Westens in den letzten beiden Jahrhunderten festhalten, den Fortschritten an politischer Freiheit und sozialer Gerechtigkeit, auch wenn sich so etwas wie der 11. September Jahr für Jahr wiederholen sollte. Aber das wird uns nur gelingen, wenn die Wähler der Demokratien ihre Regierungen davon abhalten können, ihre Länder auf permanente Kriegsführung einzustellen.«

Literaturhinweise zum Nachwort

Beitz, Charles R. (1979), *Political Theory and International Relations*, Princeton, N.J.

Bellah, Robert N./Richard Madsen/William M. Sullivan/Ann Swidler/Steven M. Tipton (1987), *Gewohnheiten des Herzens*, Köln.

Dies. (1991), *The Good Society*, New York.

Biddle, Stephen (2002), »The New Way of War? Debating the Kosovo Model«, in: *Foreign Affairs*, Vol. 81 No. 3, May/June 2002.

Engelhardt, Paulus (1980), »Die Lehre vom ›gerechten Krieg‹ in der vorreformatorischen und katholischen Tradition«, in: *Friedensanalysen* 12/Der gerechte Krieg: Christentum, Islam, Marxismus, Frankfurt/M.

Evans, Gareth/M. Sahnoun (2002), »The Responsability to Protect«, in: *Foreign Affairs*, Vol. 81 No. 6, Nov-Dec. 2002.

Hehir, J. Bryan (1992), »Just War-Theory in a Post-Cold-War World«, in: *The Journal of Religious Ethics*, Vol. 20 No. 2, Fall 1992.

Ders. (1995), »Expanding Military Intervention: Promise of Peril?«, in: *Social Research* Vol. 62 No. 1, Spring 1995.

Ignatieff, Michael (2001), *Virtueller Krieg*, Hamburg (Rotbuch).

Ders. (2002), *Die Politik der Menschenrechte*, Hamburg (EVA).

Kennan, George F. (1985), »Morality and Foreign Policy«, in: *Foreign Affairs*, Vol. 64 No. 2, Winter 1985-86.

Kermani, Navid (2002), *Dynamit des Geistes. Martyrium, Islam und Nihilismus*, Göttingen.

Krause, Skadi/Karsten Malowitz, (1998), *Michael Walzer zur Einführung*, Hamburg.

Luttwak, Edward N. (1995), »Towards Post-Heroic Warfare«, in: *Foreign Affairs*, Vol. 74 No. 3, May/June 1995.

Ders. (2003), »What the Sergeant Never Told Us. Machine-gun Memories and the Military Revolution ahead«, in: *The Times Literary Supplement*, January 31, 2003.

Meddeb, Abdelwahab (2002), *Die Krankheit des Islam*, Heidelberg.
Murray, John Courtney (1960), *We Hold these Truths*, New York [Kap. 11 zur »Just War Theory« im atomaren Zeitalter].
Nevola, Gaspare (1998), »Quale morale per la guerra. Il contributo di Michael Walzer«, in: *il Mulino*, a.XXXVII, n. 3, maggio-giugno 1998.
Preuss, Ulrich K. (2002), *Krieg, Verbrechen, Blasphemie*, Berlin.
Rieff, Philipp (2002), »Humanitarianism in Crisis«, in: *Foreign Affairs*, Vol. 81 No. 6, Nov-Dec. 2002.
Rorty, Richard (1998), *Achieving Our Country. Leftist Thought in Twentieth Century America*, Cambridge, Mass. [dt.: *Stolz auf unser Land*, Frankfurt/M.
Ders. (2002), »Fighting Terrorism With Democracy«, in: *The Nation*, Oct. 21, 2002.
Ders. (2003), »Neues Weltreich«, in: *DIE ZEIT*, Nr. 7, 6.2.2003.
Social Research (1995): Sondernummer »Rescue: The Paradoxes of Virtue«, Vol. 62 No. 1, Spring 1995 [Beiträge von Hehir, Walzer, Williams, Ignatieff, Kallscheuer u. a.].
Spaemann, Robert (2001), *Grenzen. Zur ethischen Dimension des Handelns*, Stuttgart [darin u. a. der mit E.W. Böckenförde verfaßte Beitrag: »Die Zerstörung der naturrechtlichen Kriegslehre. Erwiderung an P. Gustav Gundlach SJ«, 1960].
Tugendhat, Ernst (1985), »Rationalität und Moral in der Friedensbewegung«, in: ders., *Nachdenken über die Atomkriegsgefahr und warum man sie nicht sieht*, Berlin (Rotbuch).
Walzer, Michael (1965), *The Revolution of the Saints. A Study in the Origin of Radical Politics*, Cambridge, Mass.
Ders. (1970), *Obligations: Essays on Disobedience, War and Citizenship*, Cambridge, Mass.
Ders. (1971), *Political Action. A Practical Guide to Movement Politics*, Chicago.
Ders. (1977), *Just and Unjust Wars*, New York [dt.: *Gibt es einen gerechten Krieg*, Stuttgart 1982].
Ders. (1980), *Radical Principles*, New York.

Ders. (1983), *Spheres of Justice* [dt.: *Sphären der Gerechtigkeit*, Frankfurt/M. – New York 1992].

Ders. (1990), *Kritik und Gemeinsinn. Drei Wege der Gesellschaftskritik*, Berlin: Rationen [als Taschenbuch: Frankfurt/M. 1992].

Ders. (1992), *Zivile Gesellschaft und amerikanische Demokratie*, hrsg. von Otto Kallscheuer, Berlin: Rationen [als Taschenbuch: Frankfurt/M. 1996].

Ders. (1991), *Zweifel und Einmischung*, Frankfurt/M.

Ders. (1996), *Lokale Kritik – globale Standards. Zwei Formen moralischer Auseinandersetzung*, Hamburg: Rationen (Rotbuch).

Ders. (1998), *Über Toleranz. Von der Zivilisierung der Differenz*, Hamburg: Rationen.

Ders. (2001), »Excusing Terror. The Politics of Ideological Apology«, in: *The American Prospect*, Vol. 12, n. 18, Oct. 22, 2001.

Ders. (2002), »Can there be a decent left?«, in: *Dissent*, Vol. 49, Spring 2002 [dt. auszugsweise in: *taz* 13.4.2002].

Wenzel, Uwe Justus (Hrsg.) (2002), *Der kritische Blick. Über intellektuelle Tätigkeiten und Tugenden*, Frankfurt/M. [darin u. a.: M. Walzer, »Die Tugend des Augenmaßes«].

Textnachweise

»Die Welt regieren« erschien zuerst in: *Dissent* 2000.
»Die Lehre vom gerechten Krieg«, in: *Social Research* 2002.
»Zwei Arten militärischer Verantwortung«, in: L. J. Matthews, D. E. Brown (Hg.), *The Parameters of Military Ethics*, © Pergamon Press, Canada, 1999.
»Die Ethik des äußersten Notfalls«, in: J. Carl Ficarrota (Hg.), *The Leader's Imperative*, © Purdue University Press 2001.
»Die Politik der Rettung«, in: *Dissent* 1995.
»War der Golfkrieg ein gerechter Krieg?«, in: Michael Walzer, *Just and Unjust Wars*. A Moral Argument with Historical Illustrations (Vorwort zur 2. Auflage 1992), © 1977 by Basic Books (Perseus Book Group, L.L.C.).
»Kosovo: Der NATO-Bombenkrieg«, in: *Dissent* 1999.
»Die vier Kriege in Israel/Palästina«, in: *Dissent* 2002.
Anhang: »Die ›Grüne Linie‹...«, in: *The New Republik* 1999.
»Terror«, in: *Dissent* 2001.
»Fünf Fragen zum Terrorismus«, in: *Dissent* 2002.
»Inspektoren ja, Krieg nein«, in: *The New Republik* 2002, © der deutschen Übersetzung: Karin Wördemann.

Der Abdruck erfolgt mit freundlicher Genehmigung der Verlage und Herausgeber

Globale Supergesellschaft – Imperium – Softpower – Globalisieru

Greg Campbell
Tödliche Steine
Der globale Diamantenhandel und seine Folgen
Aus dem Amerikanischen von Angelika Hildebrandt
Broschur, 260 Seiten

Giulietto Chiesa
Das Zeitalter des Imperiums
Europas Rolle im Kampf um die Weltherrschaft
Aus dem Italienischen von Bettina Müller-Renzoni
Broschur, 230 Seiten

Dirk Fust
Klimabank und Umweltbörse
Neue Wege aus der Klimamisere
Broschur, 156 Seiten

Josef Gräßle-Münscher
Terror und Herrschaft
Die Selbstbespiegelung der Macht
Broschur, 165 Seiten

Kai Hirschmann
Terrorismus
eva wissen 3000
Broschur, 96 Seiten

Michael Ignatieff
Die Politik der Menschenrechte
Aus dem Englischen von Ilse Utz
Broschur, 121 Seiten

Michael Ignatieff
Virtueller Krieg
Kosovo und die Folgen
Aus dem Englischen von Angelika Hildebrandt
Broschur, 231 Seiten

Michael Ignatieff
Die Zivilisierung des Krieges
Ethnische Konflikte, Menschenrechte, Medien
Aus dem Englischen von Michael Benthack
Broschur, 243 Seiten

Bernard Lewis
Die politische Sprache des Islam
Aus dem Amerikanischen von Susanne Enderwitz
eva TB 103, 258 Seiten

Michael Lüders
Das Lächeln des Propheten
Eine arabische Reise
eva TB 110, 254 Seiten

Özay Mehmet
Fundamentalismus und Nationalstaat
Der Islam und die Moderne
Aus dem Englischen von Uwe Ahrens
Broschur, 355 Seiten

Alexander Meschnig/Mathias Stuhr
www.revolution.de
Die Kultur der New Economy
Broschur, 272 Seiten